- ათი სასჯელი -

დაუმორჩილებლობით
და
მორჩილებით
ცხოვრება

დოქტორი ჯაეროკ ლი

URIM BOOKS

„რადგან მე ვიცი ჩემი განზრახვები,
რაც თქვენთვის განმიზრახავს,
ამბობს უფალი,
საკეთილდღეო განზრახვები და არა საზიანო,
რათა მოგცეთ მომავალი და იმედი."

(იერემია 29:11)

დაუმორჩილებლობით და მორჩილებით ცხოვრება
დოქტორი ჯაეროკ ლისგან
გამოქვეყნებულია ურიმ ბუქსის მიერ (წარმომადგენელი: Kyungtae Noh)
73, Yeouidaebang-ro 22-gil, Dongjak-gu, სეული, კორეა
www.urimbooks.com

ყველა უფლება დაცულია. ეს წიგნი ან მისი ნაწილები არ შეიძლება იქნას გამრავლებული, შენახული საძიებო სისტემაში, ან გადაცემული ნებისმიერი ფორმით, ელექტრონული, მექანიკური თუ ფოტო კოპირებით. მხოლოდ წინასწარი წერილობითი ნებართვით რედაქტორისაგან.

საავტორო უფლება © 2018 დოქტორი ჯაეროკ ლისაგან

ISBN: 979-11-263-0435-6 03230

თარგმნის საავტორო უფლება © 2014 დოქტორი ესთერ კ. ჩუნგისგან, გამოყენებულია ნებართვით.

მანამდე გამოქვეყნებულია კორეულად 2007 წელს ურიმ ბუქსისგან.

პირველი გამოცემა 2018 წლის სექტემბერი

რედაქტირებულია დოქტორი გეუმსუნ ვინის მიერ
ილუსტრირებულია ურიმ ბუქსის სარედაქციო ბიუროს მიერ
დაბეჭდილია იევონის ბეჭდვის კომპანიის მიერ
დამატებითი ინფორმაციისათვის დაგვიკავშირდით: urimbook@hotmail.com

პროლოგი

ამერიკის შეერთებულ შტატებში სამოქალაქო ომმა პიკს მიაღწია, როდესაც მეთექვსმეტე პრეზიდენტმა, აბრაამ ლინკოლნმა, გამოაცხადა მარხვის ლოცვის დღე 1863 წლის 30 აპრილს.

დღეს შემზარავი უბედურებები შეიძლება ჩვენი მამების ცოდვების სასჯელი იყოს. ჩვენ მეტისმეტად ვამაყობდით ჩვენი წარმატებითა და სიმდიდრით. იმდენად ამაყები ვიყავით, რომ ღმერთთან ლოცვა დაგვავიწყდა, რომელმაც ჩვენ შეგვქმნა. ჩვენ უნდა ვაღიაროთ ჩვენი ერის ცოდვები და წყალობა ვთხოვოთ ღმერთს თავმდაბალი დამოკიდებულებით. ეს არის ამერიკის შეერთებული შტატების მოქალაქეების მოვალეობა.

როგორც დიდმა ლიდერმა შთააგონა, მრავალმა

ამერიკელმა არ ჭამა საჭმელი ერთი დღის განმავლობაში და მარხვის ლოცვა შესწირა.

ლინკოლნმა თავმდაბლურად ილოცა ღმერთთან და გადაარჩინა ამერიკის შეერთებული შტატები განადგურებას. სინამდვილეში, ჩვენ ღმერთში შეგვიძლია ვიპოვნოთ ყოველი პრობლემის პასუხი.

სახარება მრავალი მქადაგებლის მიერ არის ნაქადაგები საუკუნეების განმავლობაში, მაგრამ ბევრი არ უსმენს ღმერთის სიტყვას და ამბობს, რომ საკუთარი თავის სწამს.

დღეს უჩვეულო ტემპერატურის ცვლილებები და ბუნებრივი კატასტროფები ხდება მთელი მსოფლიოს გარშემო. მედიცინაში განვითარებითაც კი, არსებობს ახალი და მკურნალობის წინააღმდეგობის გამწევი დაავადებები, რომლებიც უფრო და უფრო სასიკვდილო ხდებიან.

ადამიანებს შეიძლება საკუთარ თავში ჰქონდეთ ნდობა. ისინი შეიძლება ღმერთს ჩამოშორდნენ, მაგრამ როდესაც მათ ცხოვრებაში ჩავიხედავთ, ჩვენ ვერ აღვწერთ მათ ცხოვრებას შემდეგი სიტყვების ხსენების გარეშე: შფოთვა, ტკივილი, სიღარიბე და სნეულება.

ადამიანს ერთ დღეში შეუძლია ჯანმრთელობის დაკარგვა. ზოგი ადამიანი ოჯახის წევრს ან მთელს ქონებას უბედური შემთხვევების გამო კარგავს. სხვებს შეიძლება პრობლემები და სირთულეები ჰქონდეთ ბიზნესსა და სამსახურებში.

მათ შეიძლება იჩივლონ, „მე რატომ მემართება ეს ყველაფერი?“ მაგრამ, მათ არ აქვთ გამოსავალი. მრავალი მორწმუნე განსაცდელებისა და გამოცდებისგან იტანჯება და გამოსავალი არ აქვთ.

მაგრამ ყველაფერს თავისი მიზეზი აქვს. ყველა პრობლემასა და სირთულესაც თავიანთი მიზეზები აქვთ.

გამოსვლის წიგნში ჩაწერილი ეგვიპტის ათი სასჯელი და პასექის წესები, ყველანაირი პრობლემის მოგვარების მითითებას იძლევა.

ეგვიპტე სულიერად გულისხმობს ამ სამყაროს და ეგვიპტის ათი სასჯელის გაკვეთილი დღესაც კი ყველას ეხება მთელს მსოფლიოში. მაგრამ ბევრი ადამიანი ვერ აცნობიერებს, რომ ათი სასჯელი ღმერთის ნებას შეიცავს.

რადგან ბიბლია არ აღნიშნავს, რომ ეს „ათი სასჯელია,“ ზოგი ადამიანი ამბობს, რომ თერთმეტი ან თორმეტი სასჯელია.

ყოფილ აზრში შედის აარონის კვერთხის გველად გადაქცევის შემთხვევა. მაგრამ გველის დანახვა ზიანს არ იწვევს, ამიტომ რთულია მისი სასჯელების სიაში შეტანა.

მაგრამ რადგან უდაბური ადგილის გველს საწამლავი აქვს, რომელსაც ნებისმიერი ადამიანის ერთი კბენით მოკვლა შეუძლია, ადამიანს შეიძლება შეეშინდეს გველის უბრალოდ დანახვითაც. ამიტომ

შეჰყავს ზოგ ადამიანს გველი სასჯელების სიაში.

უკანასკნელ აზრში შედის კვერთხის გველად ქცევა და ასევე წითელ ზღვაში ეგვიპტელი ჯარისკაცების სიკვდილი. რადგან იმ დროს ისრაელის ხალხს წითელი ზღვა ჯერ არ ჰქონდა გადალახული, მათ შეიტანეს ეს ინციდენტი და თქვეს, რომ თორმეტი სასჯელი იყო. მაგრამ მნიშვნელოვანი არა სასჯელების რაოდენობაა, არამედ სულიერი მნიშვნელობა და ღმერთის განგება, რომელსაც ისინი შეიცავდნენ.

ამისგან განსხვავებით, ამ წიგნში აღწერილია ფარაონის ცხოვრება, რომელიც არ დაემორჩილა ღმერთის სიტყვას და მოსეს სიცოცხლე, რომელიც მორჩილების ცხოვრებით ცხოვრობდა. მასში ასევე შედის ღმერთის სიყვარული, რომელიც თავისი უსაზღვრო თანაგრძნობით გვიჩვენებს ხსნის გზას პასექის ზეიმობით, წინდაცვეთის კანონით და უფუარობის დღესასწაულის მნიშვნელობით.

ფარაონი შეესწრო ღმერთის ძალას, მაგრამ მაინც არ დაემორჩილა მას და გარდაუვალ მდგომარეობაში აღმოჩნდა. მაგრამ ისრაელიტები დაცულები იყვნენ ყოველი უბედურებისგან, რადგან ისინი ემორჩილებოდნენ მას.

ღმერთი ათი სასჯელის შესახებ იმიტომ გვეუბნება, რომ ჩვენ გავაცნობიეროთ, თუ რატომ ვხვდებით განსაცდელების წინაშე, რათა მოვაგვაროთ ცხოვრების

ყოველი პრობლემა და ვიცხოვროთ უბედურებისგან თავისუფალი ცხოვრებით.

გარდა ამისა, იმ კურთხევების შესახებ თქმით, რომლებსაც ჩვენ მივიღებთ თუ კი დავემორჩილებით, მას სურს, რომ ჩვენ, როგორც მისმა შვილებმა, ვფლობდეთ ზეციურ სასუფეველს.

ის ადამიანები, რომლებსაც ამ წიგნს წაიკითხავენ, შეძლებენ ცხოვრების პრობლემების მოგვარების გზის პოვნას. ისინი შეიგრძნობენ დაუმცხრალ სულს და წინამძღოლობას მიიღებენ პასუხებისა და კურთხევების გზისაკენ.

მე მადლობას ვუხდი გეუმსუნ ვინს, სარედაქციო ბიუროს დირექტორს და მის პერსონალს, რომლებმაც ეს შესაძლებელი გახადეს. მე ვლოცულობ უფალი იესო ქრისტეს სახელით, რომ ყოველი მკითხველი იცხოვრებს მორჩილი ცხოვრებით, რათა ღმერთის გასაოცარი კურთხევები და სიყვარული მიიღონ.

2007 წლის ივლისი
ჯაეროკ ლი

სარჩევი

პროლოგი

დაუმორჩილებლობით ცხოვრებაზე · 1

თავი 1
ეგვიპტის ათი სასჯელი · 3

თავი 2
დაუმორჩილებლობით სიცოცხლე და სასჯელები · 21

თავი 3
სისხლის, ბაყაყების და კოღოების სასჯელები · 35

თავი 4
ბუზანკლის, შავი ჭირის და მუწუკების სასჯელები · 55

თავი 5
სეტყვის და კალიების სასჯელები · 73

თავი 6
წყვდიადის სასჯელი და პირმშოს სიკვდილის სასჯელი · 89

მორჩილებით ცხოვრებაზე · 103

თავი 7
პასექი და ხსნის გზა · 105

თავი 8
წინდაცვეთა და წმინდა ზიარება · 123

თავი 9
გამოსვლა და უფუარობის დღესასწაული · 141

თავი 10
მორჩილებით ცხოვრება და კურთხევები · 157

დაუმორჩილებლობით და მორჩილებით ცხოვრება
- ათი სასჯელი -

დაუმორჩილებლობით
ცხოვრებაზე

თუ არ გაიგონებ უფლის,
შენი ღმერთის სიტყვას,
არ დაიცავ და
არ შეასრულებ ყველა მის მცნებას და წესებს, რომელთაც
გიცხადებ დღეს,
გადმოვა შენზე ყველა ეს წყევლა
და გეწევა:
წყეულიმცა ხარ ქალაქად
და წყეულიმცა ხარ ველად!
წყეულიმც იყოს შენი კალათი და შენი ვარცლი!
წყეულიმც იყოს შენი მუცლის ნაყოფი,
შენი მიწის ნაყოფი,
შენი ნახირის მონაშენი და შენი ფარის ნამატი!
წყეულიმცა ხარ შესვლისას
და წყეულიმცა ხარ გასვლისას!
(რჯული 28:15-19).

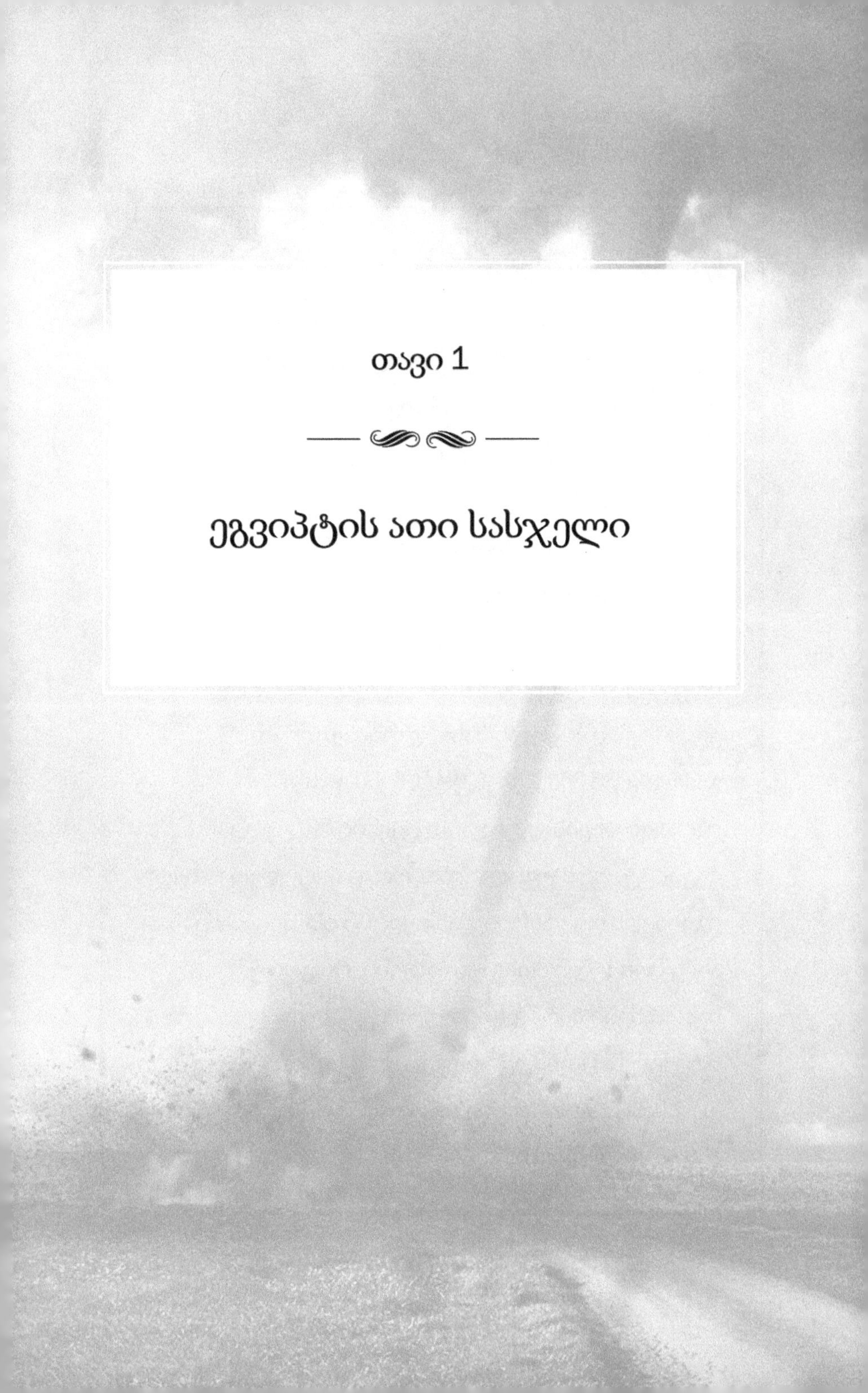

თავი 1

ეგვიპტის ათი სასჯელი

გამოსვლა 7:1-7

„უთხრა უფალმა მოსეს: იცოდე, ღმერთად დამიდგენიხარ ფარაონისთვის; შენი ძმა აარონი კი შენი ქადაგი იქნება. შენ იტყვი ყველაფერს, რასაც მე გიბრძანებ; ხოლო შენი ძმა აარონი ფარაონს ეტყვის, რომ გაუშვას ისრაელიანები ეგვიპტიდან. გულს გავუსასტიკებ ფარაონს, გავამრავლებ ნიშნებსა და სასწაულებს ეგვიპტის ქვეყნად. არ მოგისმენთ ფარაონი; მაშინ ხელს მოვუჭერ ეგვიპტეს და დიდი სასჯელების ძალით გამოვიყვან ჩემს კრებულს, ჩემს ერს, ისრაელიანებს ეგვიპტის ქვეყნიდან. გაიგებს ეგვიპტე, რომ უფალი ვარ, როცა მოვუღერებ ხელს ეგვიპტეს და გამოვიყვან იქიდან ისრაელიანებს. ასეც მოიქცნენ მოსე და აარონი; როგორც ნაბრძანები ჰქონდა მათთვის უფალს, ისე მოიქცნენ. ოთხმოცი წლის იყო მოსე და ოთხმოცდასამი წლისა აარონი, როცა ლაპარაკი დაუწყეს ფარაონს."

ყველას აქვს უფლება ბედნიერი იყოს, მაგრამ სინამდვილეში მრავალი ადამიანი არ გრძნობს თავს ბედნიერად. განსაკუთრებით დღევანდელ სამყაროში, რომელიც სავსეა სხვადასხვა სახის კატასტროფებით, დაავადებებით, და დანაშაულებით, რთულია ვინმეს ბედნიერების გარანტირება.

მაგრამ არსებობს ვიღაც, ვისაც ჩვენი ბედნიერება სურს. ეს არის ჩვენი მამა ღმერთი, რომელმაც ჩვენ შეგვქმნა. მრავალ მშობელს სურს, რომ თავიანთ შვილებს ყველაფერი მისცენ მათი ბედნიერებისთვის. ჩვენს ღმერთს უფრო მეტად ვუყვარვართ, ვიდრე ნებისმიერ მშობელს თავისი შვილი და ჩვენი კურთხევა სურს.

როგორ ენდომება ამ ღმერთს, რომ თავისი შვილები დაიტანჯონ ან უბედურებები განიცადონ? არაფერი შეიძლება იყოს უფრო შორს ღმერთის ჩვენდამი სურვილისგან.

თუ კი შეგვიძლია ეგვიპტის ათი სასჯელის სულიერი მნიშვნელობის და ღმერთის განგების გაცნობიერება, ჩვენ ასევე გავიგებთ, რომ ეს მისი სიყვარულიც იყო. გარდა ამისა, ჩვენ შეგვიძლია აღმოვაჩინოთ უბედურებებისგან თავის აცილების გზა. მაგრამ უბედურების წინაშეც კი, ჩვენ ვიპოვნით და ჩვენთვის ნაჩვენები იქნება გზა და გავაგრძელებთ კურთხევის გზაზე სიარულს.

როდესაც სირთულეების წინაშე არიან, მრავალ

ადამიანს არ სწამს ღმერთის და უჩივის მას. მორწმუნეებშიც კი არიან ადამიანები, რომლებსაც არ ესმით ღმერთის გულის, როდესაც რთულ სიტუაციაში აღმოჩნდებიან. ისინი უბრალოდ კარგავენ თავიანთ გულებს და სასოწარკვეთილებაში ვარდებიან.

იობი აღმოსავლეთში ყველაზე მდიდარი ადამიანი იყო. მაგრამ როდესაც უბედურებების წინაშე აღმოჩნდა, თავდაპირველად მას ვერ გაეგო ღმერთის ნება. იგი ისე საუბრობდა, რომ თითქოს ელოდებოდა იმას, რაც მას მოუვიდა. ეს გამოხატულია იობი 2:10-ში. მან თქვა, რომ მას შემდეგ რაც ღმერთისგან კურთხევები მიიღო, არსებობდა შანსი, რომ მისგან უბედურებასაც მიიღებდა. თუმცა, მას ეგონა, რომ ღმერთი ადამიანს კურთხევებს და უბედურებებს მიზეზის გარეშე უგზავნიდა.

ღმერთის გული ჩვენდამი მხოლოდ მშვიდობაა და არა უბედურება. სანამ ეგვიპტის ათ სასჯელზე ვისაუბრებდეთ, მოდით დავფიქრდეთ იმ დროის სიტუაციასა და ვითარებაზე.

ისრაელიტების შექმნა

ისრაელი ღმერთის რჩეული ერია. მათ ისტორიაში, ჩვენ კარგად ვხედავთ ღმერთის ნებასა და განგებას. ისრაელი იაკობისთვის, აბრაამის შვილიშვილისთვის

წოდებული სახელი იყო. ისრაელი ნიშნავს, *„ღმერთს და ადამიანებს შეებრძოლე და სძლიე“* (დაბადება 32:28).

ისააკი აბრაამის შვილი იყო და ისააკს ჰყავდა ტყუპი ვაჟები. ესენი იყვნენ ესავი და იაკობი. უჩვეულო იყო, რომ მეორე ვაჟი, იაკობი თავის ძმას ესავს დაბადების დროს ქუსლზე ეკიდებოდა. იაკობს სურდა, რომ პირველშობილის უფლება წაერთმია თავისი უფროსი ძმისთვის.

ზუსტად ამიტომ მან მოგვიანებით ესავისგან პირველშობილის უფლება იყიდა პურითა და ოსპის შეჭამანდით. მან ასევე მოატყუა თავის მამას, ისააკს, რათა ესავისგან პირველი ვაჟის კურთხევები ჩამოერთმია.

დღეს ადამიანების გონება საგრძნობლად შეიცვალა, და მრავალი მათგანი მემკვიდრეობას არა მარტო ვაჟებს, არამედ ქალიშვილებსაც უტოვებენ. მაგრამ წინათ ჩვეულებრივ პირველი ვაჟი იღებდა მამისგან მთელს მემკვიდრეობას. ისრაელშიც ეს კურთხევები პირველი ვაჟისთვის უზარმაზარი იყო.

ბიბლია გვეუბნება, რომ იაკობმა პირველი ვაჟის კურთხევები მოტყუებით მიიღო, მაგრამ იგი მართლაც დიდი ხანი ნატრობდა ღმერთის კურთხევებს. მანამ სანამ კურთხევებს მიიღებდა, მას მრავალი სირთულის გადალახვა და თავისი ძმისგან გაქცევაც კი მოუწია. იგი ოცი წლის განმავლობაში ემსახურებოდა თავის ბიძას,

ლაბანს და მისგან მრავალ ტყუილსა და თაღლითობას იტანდა.

როდესაც იაკობი თავის ქალაქში დაბრუნდა, იგი სიცოცხლისთვის სახიფათო სიტუაციაში იყო, რადგან მისი ძმა ჯერ კიდევ ბრაზობდა მასზე. იაკობს ასეთი სირთულეების გადატანა იმიტომ მოუწია, რომ მას ცბიერი ბუნება ჰქონდა, რომელიც მხოლოდ საკუთარ კეთილდღეობაზე ზრუნავს.

მაგრამ რადგან ყველაზე მეტად ღმერთის ეშინოდა, მან გაანადგურა საკუთარი „მე" ამ განსაცდელების დროს. ამგვარად, მან საბოლოოდ მიიღო ღმერთის კურთხევები და მისი თორმეტი ვაჟის მეშვეობით ჩამოყალიბდა ისრაელის ერი.

გამოსვლის მიზეზი და მოსეს შესახედაობა

ეგვიპტეში რატომ ცხოვრობდნენ ისრაელიტეები მონებად?

იაკობი, ისრაელის მამა, განსაკუთრებულ ყურადღებას იჩენდა თავისი მეთერთმეტე ვაჟის, იოსების მიმართ. იოსები რახილის, იოსების საყვარელი ცოლის მიერ იყო გაჩენილი. ამან იოსების ნახევარ ძმების შური გამოიწვია და საბოლოოდ მათ იგი ეგვიპტეს მონად მიჰყიდეს.

იოსებს ღმერთის შიში ჰქონდა და პატიოსნებით

იქცეოდა. იგი ყველაფერში ღმერთთან ერთად დადიოდა და მხოლოდ ცამეტ წელში მას შემდეგ რაც ეგვიპტისთვის იქნა მონად მიყიდული, იგი გახდა ეგვიპტის ყოველი მიწის მმართველი.

ახლო აღმოსავლეთში სასტიკი გვალვა იყო და იოსების მხარდაჭერით, იაკობი და მისი ოჯახი ეგვიპტეში გადაცხოვრდა. რადგან ეგვიპტე იოსების სიბრძნით გადაურჩა ამ სასტიკ გვალვას, ფარაონი და ეგვიპტელები მის ოჯახს ძალიან კარგად ეპყრობოდნენ და გოშემში მიწაც კი მისცეს.

მრავალი თაობის შემდეგ, ისრაელიტები რაოდენობით გაიზარდნენ. ეგვიპტელებმა კი თავი გადაშენების პირად იგრძნეს. რადგან იოსების სიკვდილის შემდეგ ასობით წელი იყო გასული, მათ უკვე დავიწყებული ჰქონდათ მისი მწყალობლობა.

საბოლოოდ ეგვიპტელებმა დაიწყეს ისრაელიტების დევნა და მათ მონებად გახდომა. ისრაელიტები იძულებულები იყვნენ მძიმედ ეშრომათ.

გარდა ამისა, ისრაელიტების მზარდი რაოდენობის შესაჩერებლად, ფარაონმა ებრაელ ბებიაქალებს უბრძანა ყოველი ახალშობილი ვაჟის მოკვლა.

მოსე, გამოსვლის ხელმძღვანელი, დაიბადა ბნელ ხანაში.

მისმა დედამ დაინახა, რომ იგი ლამაზი იყო და სამი თვის განმავლობაში მალავდა მას. მაგრამ დადგა დრო,

როდესაც აღარ შეეძლო მისი დამალვა და მოწნულ კალათში ჩასვა და ნილოსის მდინარის ლერწმებში დასვა.

იმ დროს, ეგვიპტის პრინცესა ნილოსზე საბანაოდ მიდიოდა ხოლმე. მან დაინახა კალათი და ბავშვის თავისთვის დატოვება სურდა. მოსეს და თვალს ადევნებდა ამ ყველაფერს და სწრაფად ურჩია პრინცესას, რომ ბებიაქალი მოსეს ნამდვილი დედა, იოქებედი გაეხადა. ამ გზით მოსეს საკუთარი დედა გაზრდიდა.

ბუნებრივად მან შეისწავლა აბრაამის, ისააკის და იაკობის და ისრაელიტების ღმერთის შესახებ.

ფარაონის სასახლეში გაზრდილმა, მოსემ შეიძინა სხვადასხვა ცოდნა, რომელიც მას მოამზადებდა წინამძღოლი გამხდარიყო. ამავე დროს მან ისწავლა თავისი ხალხისა და ღმერთის შესახებ. მისი სიყვარულიც ღმერთისა და თავის ხალხისადმი გაიზარდა.

ღმერთმა მოსე გამოსვლის ხელმძღვანელად აირჩია და დაბადებიდან მან ისწავლა ხელმძღვანელობა და კონტროლი.

მოსე და ფარაონი

ერთ დღეს მოსეს ცხოვრებაში გადამწყვეტი დრო დადგა. იგი ყოველთვის ნერვიულობდა თავის

ხალხზე, ებრაელებზე და წუხდა მათ მძიმე შრომასა და მონობაზე. ერთ დღეს იგი შეესწრო შემთხვევას, როდესაც ეგვიპტელი ებრაელ კაცს ცემდა. მან ვერ გააკონტროლა თავისი რისხვა და მოკლა ეგვიპტელი. საბოლოოდ ფარაონმა გაიგო ამის შესახებ და მოსეს მისგან გაქცევა მოუწია.

მოსე შემდეგ 40 წელს მიდიანის უდაბნოში მწყემსად გაატარებდა. ეს ყველაფერი ღმერთის განგების თანახმად იყო, რათა მოსე გამოსვლის ხელმძღვანელად მოემზადებინა. ამ 40 წლის განმავლობაში, მან მთლიანად მიატოვა ეგვიპტის პრინცობის ღირსება და გახდა თავმდაბალი ადამიანი.

მხოლოდ ამ ყველაფრის შემდეგ დაუძახა ღმერთმა მოსეს.

> *„უთხრა მოსემ ღმერთს: მე ვინ ვარ, ფარაონთან რომ წავიდე და გამოვიყვანო ისრაელიანები ეგვიპტიდან?“* (გამოსვლა 3:11).

რადგან მოსე მხოლოდ ცხვრებს მწყემსავდა ორმოცი წლის განმავლობაში, მას არ ჰქონდა თავდაჯერებულობა. ღმერთმაც იცოდა მისი გული და თვითონ აჩვენა მას მრავალი ნიშანი, როგორიც არის კვერთხის გველად გადაქცევა, რათა ფარაონთან წასულიყო და ღმერთის ბრძანება გადაეცა.

მოსემ თავი სრულყოფილად დაიმდაბლა და შეძლო ღმერთის ბრძანებაზე დამორჩილება. მაგრამ მოსესგან განსხვავებით ფარაონი ძალიან ჯიუტი ადამიანი იყო გასასტიკებული გულით.

გასასტიკებული გულის მქონე ადამიანი ღმერთის სასწაულების დანახვის შემდეგაც კი არ შეიცვლება. ცნობილ იგავში, რომელიც იესომ თქვა მათე 13:18-23-ში, ოთხი სახის მიწას შორის, გასასტიკებული გული შედის „გზისპირა" კატეგორიაში. გზისპირა ძალიან გამაგრებულია, რადგან ხალხი მასზე დადის. ის ადამიანები, რომლებსაც ასეთი გულები აქვთ, ღმერთის სასწაულების დანახვის შემდეგაც კი არ იცვლებიან.

იმ დროს ეგვიპტელებს ლომის თვისებებივით ძლიერი თვისებები ჰქონდათ. მათ მმართველს, ფარაონს დიდი ძალაუფლება ჰქონდა და საკუთარ თავს ღმერთად თვლიდა. ხალხიც მას ისე ემსახურებოდა, თითქოს ღმერთი ყოფილიყო.

მოსე იმ ადამიანებს, რომლებსაც ასეთი კულტურული გაგება ჰქონდათ, ღმერთის შესახებ ესაუბრებოდა. მათ არაფერი იცოდნენ ამ ღმერთის შესახებ და თუ ვინ უბრძანა ფარაონს, რომ ისრაელიტები გაეშვა. რა თქმა უნდა მათთვის რთული იყო მოსესთვის მოსმენა.

ისინი დიდ სარგებელს იღებდნენ ისრაელიტების მძიმე შრომით, ამიტომ მათთვის კიდევ უფრო რთული

იყო ასეთი რაღაცის მიღება.

დღესაც, არსებობენ ადამიანები, რომლებიც მხოლოდ თავიანთ სახელს, ძალაუფლებას ან სიმდიდრეს თვლიან საუკეთესოდ. ისინი მხოლოდ საკუთარ სარგებელზე ფიქრობენ და მხოლოდ თავიანთ უნარებს ენდობიან. ისინი ამპარტავნები არიან და მათი გულები კი გასასტიკებულია.

ფარაონს და ეგვიპტელებს გულები გასასტიკებული ჰქონდათ. ამიტომ ისინი არ დაემორჩილნენ მოსეს მიერ გადმოცემულ ღმერთის ნებას. ისინი ბოლომდე არ დაემორჩილნენ და საბოლოოდ სიკვდილს შეხვდნენ.

რა თქმა უნდა, მიუხედავად იმისა, რომ ფარაონის გული გასასტიკებული იყო, ღმერთმა თავიდან დიდი სასჯელი არ გაუგზავნა.

როგორც ნათქვამია, *„გულმოწყალე და შემბრალეა უფალი, სულგრძელი და დიდად მოწყალე“* (ფსალმუნნი 145:8), ღმერთმა მათ მოსეს მეშვეობით მრავალჯერ აჩვენა თავისი სიმლიერე. ღმერთს სურდა, რომ მათ ეღიარებინათ იგი და დამორჩილებოდნენ მას. მაგრამ ფარაონმა თავისი გული კიდევ უფრო მეტად გაისასტიკა.

ღმერთმა, რომელიც ყოველი ადამიანის გულსა და გონებას ხედავს, უთხრა მოსეს თუ რა მოხდებოდა.

„გულს გავუსასტიკებ ფარაონს, გავამრავლებ ნიშნებსა და სასწაულებს ეგვიპტის ქვეყნად. არ მოგისმენთ ფარაონი; მაშინ ხელს მოვუჭერ ეგვიპტეს და დიდი სასჯელების ძალით გამოვიყვან ჩემს კრებულს, ჩემს ერს, ისრაელიანებს ეგვიპტის ქვეყნიდან. გაიგებს ეგვიპტე, რომ უფალი ვარ, როცა მოვუღერებ ხელს ეგვიპტეს და გამოვიყვან იქიდან ისრაელიანებს“ (გამოსვლა 7:3-5).

ფარაონის გასასტიკებული გული და ათი სასჯელი

გამოსვლის მთლიანი პროცესის დროს, ჩვენ ხშირად ვხვდებით გამოთქმას, *„გულს გავუსასტიკებ ფარაონს“* (გამოსვლა 7:3).

სიტყვასიტყვით, ეს ნიშნავს, რომ ღმერთმა განზრახ გაუსასტიკა ფარაონს გული და ვინმეს შეიძლება ეგონოს რომ ღმერთი დიქტატორივით არის. მაგრამ ეს არ არის სიმართლე.

ღმერთს სურს, რომ ყველა ადამიანმა მიიღოს ხსნა (1 ტიმოთე 2:4). მას სურს, რომ ყველაზე სასტიკი გულის მქონე ადამიანმაც კი გააცნობიეროს ჭეშმარიტება და ხსნა მიიღოს.

ღმერთი არის სიყვარულის ღმერთი; იგი თავისი დიდების წარმოსაჩენად განზრახ არასოდეს

გაუსასტიკებდა ფარაონს გულს. ასევე, მიუხედავად იმ ფაქტისა, რომ ღმერთმა არაერთხელ გაგზავნა მოსე ფარაონთან, ჩვენ გვესმის, რომ ღმერთს სურს ფარაონმა და სხვა ყველა ადამიანმა შეიცვალოს თავისი გული და დაემორჩილოს მას.

ღმერთი ყველაფერს მიზნით აკეთებს სიყვარულსა და სამართლიანობაში და მხოლოდ ბიბლიის სიტყვის მიხედვით.

თუ კი ბოროტებას ჩავიდენთ და არ მოვისმენთ ღმერთის სიტყვას, სატანა დაგვადანაშაულებს. და ამიტომ აღმოვჩნდებით განსაცდელებში. ის ადამიანები, რომლებიც ღმერთის სიტყვას ემორჩილებიან და სამართლიანობაში ცხოვრობენ, კურთხევებს მიიღებენ.

ადამიანი თავის საქციელს თავისივე თავისუფალი ნებით ირჩევს. ღმერთი არ განსაზღვრავს, თუ ვინ მიიღებს კურთხევებს და ვინ არა. ღმერთი სიყვარულისა და სამართლიანობის ღმერთი რომ არ ყოფილიყო, იგი თავიდანვე შეძლებდა ეგვიპტისთვის დიდი სასჯელების გაგზავნას, რომ ფარაონი მას დამორჩილებოდა.

ღმერთს არ სურს შიშის გამო „იძულებული მორჩილება." მას სურს, რომ ადამიანებმა გააღონ გულები და დაემორჩილონ მას თავისუფალი ნებით.

პირველი, იგი გვატყობინებს თავის ნებას და გვიჩვენებს თავის სიძლიერეს, რათა დამორჩილება

შევძლოთ. მაგრამ როდესაც არ ვემორჩილებით, იგი იწყებს მცირე უბედურებებით, რომ ჩვენ გავაცნობიეროთ.

ყოვლისშემძლე ღმერთმა იცის ყოველი ადამიანის გული; მან იცის, თუ როდის ვლინდება ადამიანის ბოროტება და თუ როგორ უნდა განვდევნოთ ბოროტება და ვიპოვნოთ პრობლემების მოგვარების გზა.

დღესაც კი, იგი გვიძღვება საუკეთესო გზისაკენ და საუკეთესო მეთოდს იყენებს, რომ ჩვენ მის წმინდა შვილებად წარვდგეთ.

დროდადრო, იგი გვიგზავნის განსაცდელებს, რომელთა გადალახვაც შეგვიძლია. ეს არის გზა, რომ ჩვენში ბოროტება აღმოვაჩინოთ და განვდევნოთ. რადგან ჩვენი სული აყვავებულია, იგი წარმატებასა და ჯანმრთელობას გვიგზავნის.

თუმცა, ფარაონს არ განუდევნია თავისი ბოროტება, როდესაც ეს გამომჟღავნდა. მან გაისასტიკა გული და არ დაემორჩილა ღმერთის სიტყვას. რადგან ღმერთმა იცოდა ფარაონის ეს გული, მან გამოავლინა მისი ეს გასასტიკებული გული სასჯელების მეშვეობით. ამიტომ ამბობს ბიბლია, რომ „უფალმა გაუსასტიკა ფარაონს გული."

„გასასტიკებული გულის ქონა" ჩვეულებრივ ნიშნავს, რომ ადამიანს მომთხოვნი და ჯიუტი ხასიათები აქვს. მაგრამ ბიბლიაში ნახსენები გასასტიკებული

გული, რომელიც ფარაონს ეხება, არ მარტო ღმერთის სიტყვაზე ბოროტებით დაუმორჩილებლობაა, არამედ ღმერთის წინააღმდეგ წარდგომაც.

როგორც წინათ ვახსენე, ფარაონი ისეთი თვით-ორიენტირებული ცხოვრებით ცხოვრობდა, რომ საკუთარ თავს ღმერთადაც კი მიიჩნევდა. ყველა მას ემორჩილებოდა და არაფრის შიში არ ჰქონდა. მას კარგი გული რომ ჰქონოდა, იწამებდა ღმერთს მოსეს მიერ მოხდენილი ღმერთის სასწაულების დანახვით, მიუხედავად იმისა, რომ წინათ ღმერთის შესახებ არაფერი იცოდა.

მაგალითად, ბაბილონის ნაბუქოდონოსორმა, რომელიც ცხოვრობდა ქრისტეს შობამდე 605 წლიდან 562 წლამდე, არ იცოდა ღმერთის შესახებ, მაგრამ როდესაც დანიელის სამი მეგობრის მიერ მოხდენილ ღმერთის სასწაულებს შეესწრო, მან აღიარა იგი.

„მიუგო ნაბუქოდონოსორმა და თქვა: კურთხეულია ღმერთი შადრაქის, მეშაქისა და ყაბედ-ნეგოსი, რომელმაც თავისი ანგელოზი გამომიგზავნა და იხსნა თავისი მორჩილნი, რადგან მისი მოესავნი იყვნენ ისინი, არ დაემორჩილნენ მეფის განკარგულებას და საკუთარი ტანიც კი გასწირეს, რომ თავიანთი ღმერთის გარდა, სხვა ღმერთისთვის არ

ემსახურათ და თაყვანი არ ეცათ. ამიტომ ვიძლევი ბრძანებას: თუ ვინმე რომელიმე ხალხიდან, ტომიდან ან ენიდან შადრაქის, მეშაქის და ყაბედ-ნეგოს ღმერთზე აუგს იტყვის, ასო-ასო აიკუწება, მისი სახლი კი ნანგრევებად იქცევა. რადგან არ არსებობს სხვა ღმერთი, მის მსგავსად რომ შეეძლოს ხსნა“ (დანიელი 3:28-29).

შადრაქი, მეშაქი და ყაბედ-ნეგოზი ახალგაზრდა ასაკში ტყვედ წავიდნენ წარმართების ქვეყანაში. მაგრამ ღმერთის ბრძანებებზე დასამორჩილებლად, მათ არ უცემიათ თაყვანი კერპებისთვის. ამიტომ ისინი ცეცხლის ღუმელში ჩააგდეს. მაგრამ მათ ზიანი არ მიეყენათ და თმაც კი არ შეტრუსვიათ. როდესაც ნაბუქოდონოსორმა ეს დაინახა, მან დაუყოვნებლივ აღიარა ცოცხალი ღმერთი.

მან არა მარტო აღიარა ყოვლისშემძლე ღმერთი, ასევე ადიდა იგი თავისი ხალხის წინაშე.

თუმცა, ფარაონს არ უღიარებია ღმერთი მისი სასწაულების ნახვის შემდეგაც კი. მან გული კიდევ უფრო მეტად გაისასტიკა. მხოლოდ მას შემდეგ გაუშვა მან ისრაელიტები, როდესაც ერთი და ორი კი არა, არამედ ათი სასჯელისგან დაიტანჯა.

მაგრამ რადგან მისი გასასტიკებული გული მაინც არ შეიცვალა, მან ინანა ისრაელიტების გაშვება. დაედევნა მათ თავისი ჯარით და საბოლოოდ იგი და მისი

ჯარისკაცები წითელ ზღვაში დაიხოცნენ.

ისრაელიტები ღმერთის მფარველობის ქვეშ იყვნენ

როდესაც მთელი ეგვიპტის ქვეყანა იტანჯებოდა სასჯელებისგან და მიუხედავად იმისა, რომ ისრაელიტებიც ამავე ეგვიპტეში იყვნენ, მათ ზიანი არ მიყენებიათ სასჯელებისგან. ეს იმიტომ, რომ ღმერთი განსაკუთრებულად მფარველობდა გოშენის მიწას, სადაც ისრაელიტები ცხოვრობდნენ.

თუ კი ღმერთი დაგვიცავს, ჩვენც უსაფრთხოდ ვიქნებით უბედურებების დროს. მაშინაც კი, თუ დაავადება შეგვეყრება ან სირთულის წინაშე აღმოვჩნდებით, ჩვენ განვიკურნებით და დავამარცხებთ მათ ღმერთის ძლიერებით.

ისრაელიტები იმიტომ არ იყვნენ დაცულები, რომ რწმენა ჰქონდათ და სამართლიან ადამიანებად იყვნენ შექმნილნი. ისინი იმ ფაქტის გამო იყვნენ დაცულები, რომ ღმერთის რჩეულები იყვნენ. ეგვიპტელებისგან განსხვავებით, ისინი გასაჭირისას ღმერთს ეძებდნენ და რადგან აღიარებდნენ მას, ისინი მისი მფარველობის ქვეშ იყვნენ.

ამავე გზით, მაშინაც კი, თუ რაიმე ბოროტება გვაქვს დარჩენილი, მხოლოდ იმ ფაქტის გამო, რომ

ღმერთის შვილები ვართ, ჩვენ დაცულები ვიქნებით უბედურებებისგან, რომლებიც ურწმუნოებს ხვდებათ.

ეს იმიტომ, რომ იესო ქრისტეს სისხლით ცოდვები მიგვეტევა და გავხდით ღმერთის შვილები; ამგვარად, ჩვენ აღარ ვართ ეშმაკის შვილები.

გარდა ამისა, როდესაც ჩვენი რწმენა იზრდება, ჩვენ ვინახავთ ღმერთის დღეს წმინდად, ვდევნით ბოროტებას და ვემორჩილებით ღმერთის სიტყვას და ასე მივიღებთ ღმერთის სიყვარულსა და კურთხევებს.

„აბა, ისრაელ, რას მოითხოვს შენგან უფალი, შენი ღმერთი? თუ არა იმას, რომ გეშინოდეს უფლისა, შენი ღმერთისა, იარო მის კვალზე, გიყვარდეს იგი, ემსახურო უფალს, შენს ღმერთს, მთელი შენი გულითა და სულით. დაიცვა უფლის მცნებები და წესები, რომელთაც გამცნებ დღეს შენს სასიკეთოდ“ (რჯული 10:12-13).

თავი 2

დაუმორჩილებლობით სიცოცხლე და სასჯელები

გამოსვლა 7:8-13

„უთხრა უფალმა მოსეს და აარონს: თუ გეტყვით ფარაონი, სასწაული მოახდინეთო, უთხარი აარონს: აიღე შენი კვერთხი და წინ დაუგდე ფარაონს! გველად იქცევა კვერთხი. მივიდნენ ფარაონთან მოსე და აარონი და ისე მოიქცნენ, როგორც უფალს ჰქონდა მათთვის ნაბრძანები. წინ დაუგდო აარონმა თავისი კვერთხი ფარაონს და მის მსახურებს, და იქცა გველად. უხმო ფარაონმა ბრძენკაცებსა და ჯადოქრებს. და მათაც, ეგვიპტის გრძნეულებმა, თავიანთი ჯადოსნობით იგივე გააკეთეს. მოისროლეს თავ-თავიანთი კვერთხები და იქცნენ გველებად. მაგრამ შთანთქა აარონის კვერთხმა მათი კვერთხები. გაუსასტიკდა გული ფარაონს და არ უსმინა მათ, როგორც ნათქვამი ჰქონდა უფალს."

კარლ მარქსი ღმერთს უარყოფდა. მან დააარსა კომუნიზმი მატერიალიზმის საფუძველზე. მისმა თეორიამ გამოიწვია მრავალი ადამიანის მიერ ღმერთის დატოვება. ისე იყო, რომ თითქოს მთელი მსოფლიო მიიღებდა კომუნიზმს. მაგრამ კომუნიზმი დაეცა ასი წლის ფარგლებში.

ზუსტად როგორც კომუნიზმის დაცემაში, მარქსი ისეთი რაღაცეებით იტანჯებოდა პირად ცხოვრებაში როგორც ფსიქიკური დაუცველობის მდგომარეობა და მისი შვილების ადრეული სიკვდილია.

ფრიდრიხ ნიცშე, რომელმაც თქვა, რომ ღმერთი მკვდარია, გავლენა მოახდინა მრავალ ადამიანზე, რომ ღმერთის წინააღმდეგ წასულიყვნენ. მაგრამ მალე იგი შეიშალა შიშის გამო და საბოლოოდ ტრაგიკული დასასრულის წინაშე აღმოჩნდა.

ჩვენ ვხედავთ, რომ ის ადამიანები, რომლებიც ღმერთის წინააღმდეგ არიან და არ ემორჩილებიან მის სიტყვას, ისეთი უბედურებებისგან დაიტანჯებიან, როგორებიც სასჯელებია და ბეჩავი ცხოვრებით ცხოვრობენ.

განსხვავება სასჯელებს, გამოცდებს, განსაცდელებს და გაჭირვებებს შორის

მორწმუნეები თუ ურწმუნოები, ყველა ადამიანს ექმნება პრობლემა. ეს იმიტომ, რომ ჩვენი ცხოვრება

ღმერთის ადამიანთა გაშენების განგებაშია, რომელიც შექმნილია ჭეშმარიტი შვილების შესაძენად.

ღმერთმა მხოლოდ კარგი მოგვცა. მაგრამ მას შემდეგ, რაც ადამიანებში ცოდვა დასახლდა, ეს სამყარო ეშმაკის კონტროლის ქვეშ მოექცა. ამ დროიდან მოყოლებული, ხალხი მარტო იტანჯებოდა სხვადასხვა სირთულეებისა და მწუხარებებისგან.

სიძულვილის, რისხვის, სიხარბის, ამპარტავნობის და მოღალატე გონების გამო, ხალხმა დაიწყო ცოდვების ჩადენა. ცოდვის სერიოზულების მიხედვით, ისინი იტანჯებოდნენ სხვადასხვა სახის გამოცდებისა და განსაცდელებისგან, რომლებიც ეშმაკს მოაქვს.

როდესაც მალიან რთულ სიტუაციაში აღმოჩნდებიან, ხალხი ამბობს, რომ ეს უბედურებაა. ასევე, როდესაც მორწმუნეები სირთულის წინაშე არიან, ისინი ხშირად იყენებენ ისეთ ტერმინებს, როგორიც არის „გამოცდა", „მწუხარება", ან „განსაცდელი."

ბიბლია ასევე ამბობს, *„და არა მარტო ამით, არამედ შეჭირვებითაც, რადგანაც ვიცით, რომ შეჭირვება შეიქმს მოთმინებას, მოთმინება – გამოცდილებას, გამოცდილება – სასოებას, შეჭირვება აქ არის მოკლე გზასავით, რომ ჩვენი მიზნების მისაღწევად"* (რომაელთა 5:3-4).

იმის და მიხედვით ადამიანი ცხოვრობს თუ არა ჭეშმარიტებით და თუ რამხელა რწმენა აქვს მას, ამათ შეიძლება ვუწოდოთ უბედურებები ან სასჯელები, გამოცდები ან მწუხარებები.

მაგალითად, როდესაც ადამიანს რწმენა აქვს მაგრამ არ მოქმედებს სიტყვის მიხედვით, ღმერთი მას ვერ დაიცავს სირთულეებისაგან. ამას შეიძლება ვუწოდოთ „გასაჭირი." გარდა ამისა, თუ მიატოვებს თავის რწმენას და არაჭეშმარიტებაში დაიწყებს ცხოვრებას, იგი დაიტანჯება სასჯელებისგან ან უბედურებებისგან.

ასევე, ვთქვათ ადამიანი უსმენს სიტყვას და ცდილობს მის განხორციელებას, მაგრამ სრულყოფილად არ ცხოვრობს სიტყვით. შემდეგ მას ბრძოლა ექნება თავისი ცოდვილი ბუნების წინააღმდეგ. როდესაც ადამიანი სირთულეებში აღმოჩნდება და ცოდვებს სისხლის ღვრამდე შეებრძოლება, ბიბლია ამბობს, რომ იგი განსაცდელებისგან იტანჯება. სახელდობრ, სირთულეები, რომლებიც მას ხვდება არის „განსაცდელები."

ასევე, „გამოცდა" არის საშუალება, რომ შევამოწმოთ, თუ რამდენად გაიზარდა ადამიანის რწმენა. ამგვარად, იმ ადამიანებისთვის, რომლებიც ცდილობენ სიტყვით იცხოვრონ, არსებობს განსაცდელები და გამოცდები. თუ კი ადამიანი ჩამოშორდება ჭეშმარიტებას და ღმერთს გააბრაზებს, იგი დაიტანჯება „გასაჭირისგან" ან „სასჯელისგან."

სასჯელების მიზეზები

როდესაც ადამიანი განზრახ იდენს ცოდვებს, ღმერთი მას ზურგს აქცევს. შემდეგ ეშმაკი მათ სასჯელებს უგზავნის. სასჯელები იმდენად ხვდება ადამიანს, რამდენადაც არ დაემორჩილება ღმერთის სიტყვას.

თუ არ შემობრუნდება და გააგრძელებს ცოდვის ჩადენას სასჯელებისგან ტანჯვის შემდეგაც კი, იგი დაიტანჯება კიდევ უფრო დიდი სასჯელებისგან. მაგრამ თუ მოინანიებს და შემობრუნდება, სასჯელები მალევე გაქრება ღმერთის წყალობით.

ადამიანები სასჯელებისგან თავიანთი ბოროტების გამო იტანჯებიან, მაგრამ ჩვენ ვხვდებით ორი ჯგუფის ადამიანებს იმ ადამიანებში, რომლებიც იტანჯებიან.

პირველი ჯგუფი სასჯელების მეშვეობით მიდის ღმერთთან და ცდილობს მოინანიოს და შემობრუნდეს. მეორეს მხრივ, მეორე ჯგუფი მაინც უჩივის ღმერთს და ამბობს, „ბეჯითად დავდიოდი ეკლესიაში, ვლოცულობდი და შესაწირებს ვაკეთებდი და რატომ ვიტანჯები ასეთი სასჯელისგან?"

შედეგები ერთმანეთისგან სრულიად განსხვავებული იქნება. პირველ შემთხვევაში, სასჯელი გაქრება და ღმერთის წყალობა მივა იმ ადამიანთან. მაგრამ მეორე შემთხვევაში, ისინი ვერც კი აცნობიერებენ პრობლემას და ამიტომ კიდევ უფრო დიდი სასჯელი მიუვათ.

იმის გათვალისწინებით, თუ რამხელა ბოროტება

აქვს ადამიანს გულში, მისთვის რთულია გააცნობიეროს საკუთარი შეცდომა და შემობრუნდეს. ასეთ ადამიანს იმდენად გასასტიკებული გული აქვს, რომ სახარების მოსმენის შემდეგაც კი არ აღებს თავისი გულის კარს. მაშინაც კი, თუ რწმენაშია, იგი ვერ იგებს ღმერთის სიტყვას; უბრალოდ მიდის ეკლესიაში მაგრამ საკუთარ თავს არ ცვლის.

ამგვარად, თუ სასჯელისგან იტანჯებით, თქვენ უნდა გააცნობიეროთ, რომ ღმერთის თვალში რაღაც არასწორი იყო და მალევე შემობრუნდეთ და ჩამოშორდეთ სასჯელს.

ღმერთის მიერ მოცემული შესაძლებლობები

ფარაონმა უარჰყო ღმერთის სიტყვა, რომელიც მოსემ მიაწოდა. იგი არ შემობრუნდა, როდესაც მცირე სასჯელები შეემთხვა და ამიტომ უფრო დიდი სასჯელებისგან დაიტანჯა. როდესაც განაგრძო ბოროტების ჩადენა და არ დაემორჩილა ღმერთს, მთელი მისი ქვეყანა იმდენად დასუსტდა, რომ აღდგენა ვეღარ შეძლო. საბოლოოდ იგი ტრაგიკული სიკვდილით მოკვდა. როგორი უგუნური იყო იგი!

„მერე მივიდნენ მოსე და აარონი ფარაონთან და უთხრეს: ასე ამბობს უფალი ღმერთი ისრაელისა: გაუშვი ჩემი ხალხი, რომ დღესასწაული

გამიმართონ უდაბნოში“ (გამოსვლა 5:1).

როდესაც მოსემ ფარაონს უთხრა, რომ ისრაელიტები გაეშვა ღმერთის სიტყვის თანახმად, ფარაონმა დაუყოვნებლივ უარი თქვა.

„უთხრა ფარაონმა: ვინ არის უფალი, რომ დავუჯერო და გავუშვა ისრაელი? არც უფალი ვიცი და არც ისრაელს გავუშვებ“ (გამოსვლა 5:2).

„ებრაელთა ღმერთი გამოგვეცხადა. წავალთ უდაბნოში სამი დღის სავალზე და მსხვერპლს შევწირავთ ჩვენს ღმერთს, თორემ გაგვწყვეტს ჭირით ან მახვილით“ (გამოსვლა 5:3).

როდესაც ფარაონმა მოსეს და აარონის სიტყვა გაიგო, მან უმიზეზოდ დაადანაშაულა ისრაელის ხალხი, რომ ზარმაცები იყვნენ. იგი დევნიდა მათ სასტიკი შრომით. ისრაელიტებს წინათ ბზე მისცეს ალიზის გასაკეთებლად, მაგრამ ახლა იგივე რაოდენობის ალიზები უნდა გაეკეთებინათ ბზეს გარეშე. არ იყო ადვილი ისრაელიტებისთვის, რომ ბზეს გარეშე ალიზები გაეკეთებინათ, მაგრამ ფარაონმა შეწყვიტა მათთვის ბზეს მიცემა. ჩვენ აქ ვხედავთ, თუ როგორი გასასტიკებული გული ჰქონდა ფარაონს.

რაც უფრო გამლიერდა მათი სასტიკი შრომა, ისრაელიტებმა დაიწყეს მოსესთან ჩივილი. მაგრამ

ღმერთმა მოსე ფარაონთან ხელახლა გაგზავნა ნიშნების საჩვენებლად. ღმერთი ფარაონს, რომელიც ღმერთის სიტყვას არ ემორჩილებოდა, მონანიების შესაძლებლობას აძლევდა თავისი ძლიერების ჩვენებით.

> „მივიდნენ ფარაონთან მოსე და აარონი და ისე მოიქცნენ, როგორც უფალს ჰქონდა მათთვის ნაბრძანები. წინ დაუგდო აარონმა თავისი კვერთხი ფარაონს და მის მსახურებს, და იქცა გველად" (გამოსვლა 7:10).

მოსეს მეშვეობით, ღმერთმა კვერთხი გველად გადააქცია, რათა ფარაონისთვის ცოცხალი ღმერთი დაემტკიცებინა.

სულიერად, „გველი" გულისხმობს სატანას და რატომ გადააქცია ღმერთმა კვერთხი გველად?
მიწა, რომელზეც მოსე იდგა და კვერთხიც, ამ სამყაროს ეკუთვნოდა. ეს სამყარო კი ეშმაკს და სატანას ეკუთვნის. ამ ფაქტის სიმბოლურად გამოსახატავად, ღმერთმა შექმნა გველი. ეს გვატყობინებს, რომ ის ადამიანები, რომლებიც არ არიან მართლები ღმერთის თვალში, ყოველთვის მიიღებენ სატანის სამუშაოებს.

ფარაონი ღმერთის წინააღმდეგ იყო და ამიტომ ღმერთი მას ვერ აკურთხებდა. ამიტომ გააჩინა მან გველი, რაც სატანას წარმოადგენდა. ეს კი იმის წინასწარ

გამაფრთხილებელი იყო, რომ სატანის სამუშაოები მოხდებოდა. შემდეგი სასჯელები, როგორიც არის სისხლის სასჯელი, გომბეშოების სასჯელი და მუმლის სასჯელი, სატანის ნამოქმედარი იყო.

ამგვარად, კვერთხის გველად გადაქცევა არის დონე, როდესაც მცირე რაღაცეები ხდება, რათა მგრძნობიარე ადამიანმა იგრძნოს. ესენი შეიძლება შემთხვევითობადაც ჩათვალონ. ეს არის პერიოდი, სადაც ფაქტობრივი ზიანი არ არსებობს. ეს არის მოსანანიებლად ღმერთის მიერ მიცემული შესაძლებლობა.

ფარაონი ეგვიპტის გრძნეულებს უხმობს

როდესაც ფარაონმა დაინახა აარონის კვერთხის გველად გადაქცევა, მან ეგვიპტის ბრძენ ადამიანებსა და გრძნეულებს უხმო.

ისინი სასახლის გრძნეულები იყვნენ და მეფეს ართობდნენ ხოლმე თავიანთი ჯადოქრობით. ჯადოქრობის მეშვეობით, მათ დიდი პოზიციები მიიღეს. ასევე, რადგან წინაპრებისგან მემკვიდრეობით ჰქონდათ მიღებული, ისინი ასეთი ტემპერამენტით იყვნენ დაბადებულები.

დღესაც კი, ზოგი ჯადოქარი ჩინეთის დიდ კედელში შედის მრავალი ადამიანის წინაშე ან

თავისუფლების ქანდაკებას აქრობს. ასევე, ზოგი ადამიანი იოგას ვარჯიშობს დიდი ხნის განმავლობაში და შეუძლიათ წვრილ ტოტზე ძილი ან ვედროში დიდი ხნის განმავლობაში ყოფნა.

ზოგი ასეთი ჯადოქრობა უბრალო თვალის მოტყუებაა. მაგრამ, ისინი ვარჯიშობენ ასეთი გასაოცარი რაღაცეების გაკეთებისთვის. მაშ, რამდენად უფრო ძლიერები იყვნენ ჯადოქრები, რომლებიც მრავალი თაობის განმავლობაში მეფის წინაშე ჯადოქრობებს ახდენდნენ! განსაკუთრებით, მათ შემთხვევაში, შეეძლოთ საკუთარი თავების განვითარება, რომ ბოროტ სულებთან კონტაქტი შემლებოდათ.

კორეაში ზოგ ჯადოქარს დემონებთან აქვს კონტაქტი და ძალიან ბასრ დანებზე ცეკვავენ და არაფერი ემართებათ. ფარაონის ჯადოქრებსაც შეეძლოთ ბოროტ სულებთან კონტაქტი და მრავალი გასაოცარი რამ გამოავლინეს.

ეგვიპტეში ჯადოქრები დიდი ხნის განმავლობაში ვარჯიშობდნენ და ილუზიითა და თაღლითობით, მათ გადააგდეს კვერთხი და ისე წარმოაჩინეს, რომ თითქოს გველად გადაიქცა.

ის ადამიანები, რომლებიც არ აღიარებენ ცოცხალ ღმერთს

როდესაც მოსემ თავისი კვერთხი გადააგდო და

გველად აქცია, ფარაონმა გაიფიქრა, რომ ღმერთი მართლაც არსებობდა და რომ ისრაელის ღმერთი ჭეშმარიტი ღმერთია. მაგრამ როდესაც დაინახა, რომ ჯადოქრებმაც გადააქციეს კვერთხი გველად, მან არ ირწმუნა ღმერთი.

გველები, რომლებიც ჯადოქრებმა გააჩინეს აარონის კვერთხისგან შექმნილმა გველმა შეჭამა, მაგრამ მან იფიქრა, რომ ეს უბრალოდ დამთხვევა იყო.

ჭეშმარიტებაში, დამთხვევა არ არსებობს. მაგრამ ახალი მორწმუნის შემთხვევაში, რომელმაც ახლახან მიიღო უფალი, მრავალი სატანის ქმედება შეიძლება მოხდეს, რათა ხელი შეუშალოს მას ღმერთის რწმენაში. შემდეგ მრავალი ადამიანი ფიქრობს, რომ ესენი უბრალო დამთხვევებია.

ასევე, ზოგ მორწმუნეს, რომელმაც ახლახან მიიღო უფალი, პრობლემები უგვარდება ღმერთის დახმარებით. თავდაპირველად, ისინი აღიარებენ ღმერთის სიძლიერეს, მაგრამ დროთა განმავლობაში ფიქრობენ, რომ უბრალო დამთხვევა იყო.

ზუსტად როგორც ფარაონი შეესწრო ღმერთის სიძლიერის სასწაულს, მაგრამ არ აღიარა იგი, არსებობენ ადამიანები, რომლებიც არ აღიარებენ ცოცხალ ღმერთს და ყველაფერს უბრალო დამთხვევად თვლიან.

ზოგ ადამიანს სწამს ღმერთის მხოლოდ ერთხელ მისი სასწაულის დანახვით. ზოგი თავიდან აღიარებს

ღმერთს, მაგრამ მოგვიანებით ფიქრობს, რომ პრობლემები საკუთარი მოხერხებულობით, ცოდნით, გამოცდილებით ან სხვების დახმარებით მოახერხა და ღმერთის სასწაულებს უბრალო დამთხვევად თვლის.

ამიტომ, ღმერთი მათ ზურგს აქცევს. შედეგად, პრობლემა რომელიც მოგვარდა, შეიძლება უკან დაუბრუნდეთ.

ავადმყოფობის შემთხვევაში, რომელიც განიკურნა, შეიძლება დაბრუნდეს და კიდევ უფრო სერიოზული გახდეს. ბიზნესში პრობლემის შემთხვევაში კი პრობლემები უფრო გაიზრდება.

როდესაც ღმერთის პასუხს უბრალო დამთხვევად მივიჩნევთ, ეს კიდევ უფრო ჩამოგვაშორებს ღმერთს. შემდეგ იგივე პრობლემა შეიძლება დაბრუნდეს ან შეიძლება კიდევ უფრო რთულ სიტუაციებში აღმოვჩნდეთ.

ანალოგიურად, რადგან ფარაონი ღმერთის სასწაულს უბრალო დამთხვევად მიიჩნევდა, ახლა იგი რეალური სასჯელების წინაშე აღმოჩნდა.

„გაუსასტიკდა გული ფარაონს და არ უსმინა მათ, როგორც ნათქვამი ჰქონდა უფალს" (გამოსვლა 7:13).

თავი 3

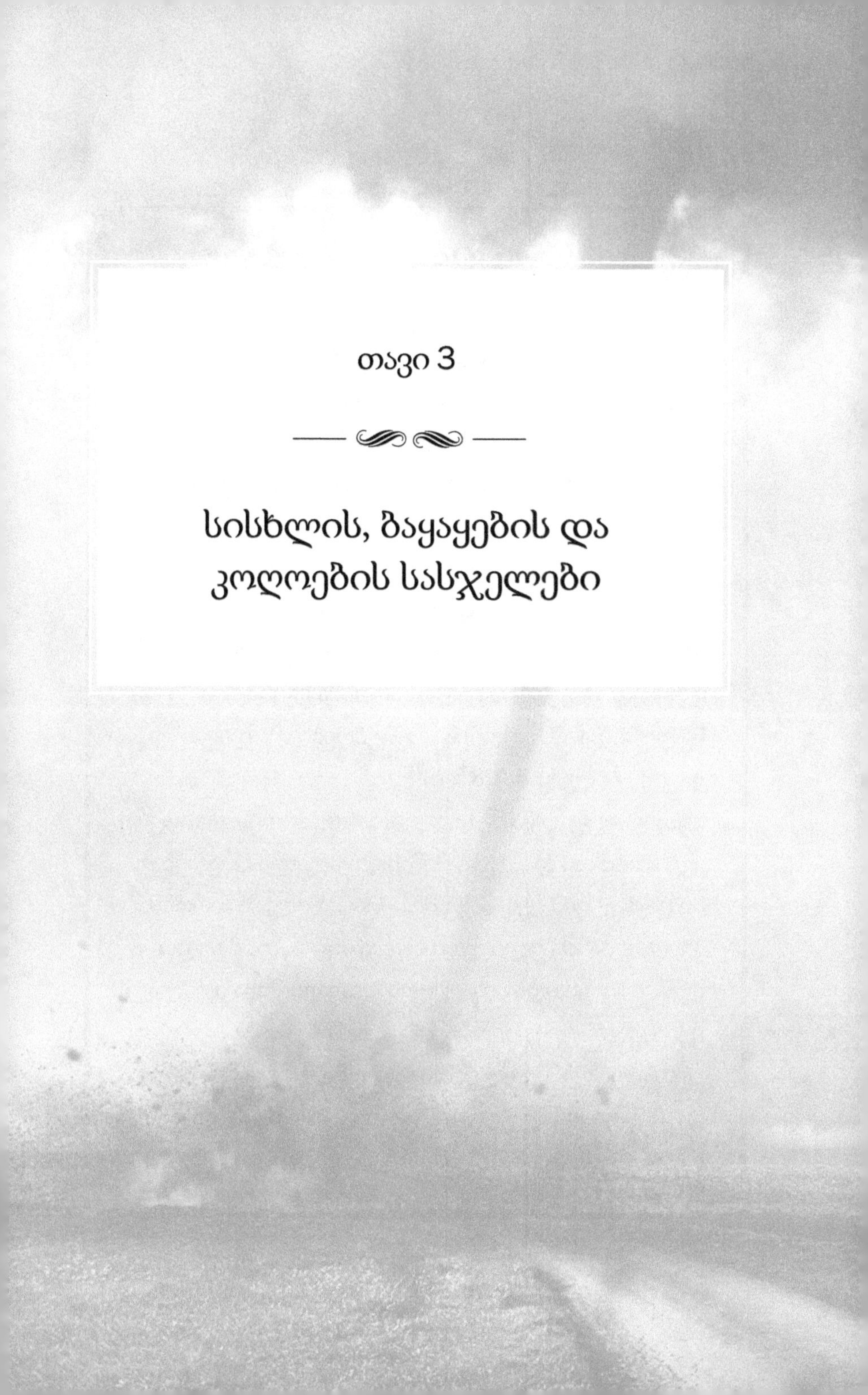

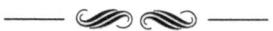

სისხლის, ბაყაყების და კოღოების სასჯელები

გამოსვლა 7:20-8:19

„ისე მოიქცნენ მოსე და აარონი, როგორც უფლისაგან ჰქონდათ ნაბრძანები. მოიქნია კვერთხი და დაჰკრა ნილოსის წყალს ფარაონისა და მისი მსახურების თვალწინ, და იქცა სისხლად ნილოსის წყალი" (7:20).

„უთხრა უფალმა მოსეს: უთხარი აარონს: მოუღერე კვერთხიანი ხელი მდინარეებს, ნაკადულებს და ჭაობებს და ამოასხი გომბეშოები ეგვიპტის ქვეყნად. მოუღერა ხელი აარონმა ეგვიპტის წყლებს და ამოვიდნენ გომბეშოები და დაფარეს ეგვიპტის ქვეყანა" (8:5-6).

„უთხრა უფალმა მოსეს: უთხარი აარონს, მოიღერე კვერთხი და დაჰკარი მიწას და მუმლი მოედება მთელს ეგვიპტეს. ასეც მოიქცა: მოიღერა აარონმა კვერთხიანი ხელი და დაჰკრა მიწას, და მოედო მუმლი კაცსა და პირუტყვს, მთელი მიწა მუმლად იქცა ეგვიპტის ქვეყანაში" (8:16-17).

„უთხრეს გრძნეულებმა ფარაონს: ეს ღვთის ხელია! გაუსასტიკდა გული ფარაონს და არ შეისმინა მათი, როგორც ნათქვამი ჰქონდა უფალს." (8:19)

ღმერთმა უთხრა მოსეს, რომ კვერთხის გველად გადაქცევის შემდეგაც კი ფარაონის გული გასასტიკდებოდა და უარს იტყოდა ისრაელიტეების გაშვებას. შემდეგ ღმერთმა მოსეს დეტალურად უთხრა თუ რა უნდა გაეკეთებინა.

„წადი დილით ფარაონთან; წყალზე გამოვა და შენც დახვდი ნილოსის პირას. კვერთხი, გველად რომ იქცა, ხელში გეჭიროს" (გამოსვლა 7:15).

მოსე მოულოდნელად ფარაონს ნილოსთან შეხვდა. მან გადასცა ღმერთის სიტყვა და ხელში ის კვერთხი ეჭირა, რომელიც მის ხელში გველად გადაიქცა.

„უთხარი: უფალმა, ებრაელთა ღმერთმა, გამომგზავნა-თქო შენთან; გეუბნება, გაუშვი ჩემი ხალხი, რომ უდაბნოში თაყვანი მცენ. აჰა, ყურს არ მიგდებდი აქამდე. ასე თქვა უფალმა: ამით მიხვდები, რომ უფალი ვარ: აჰა, ამ კვრთხს, ხელში რომ მიჭირავს, დავკრავ ნილოსის წყალს და სისხლად იქცევა. გაწყდება თევზი ნილოსში, აყროლდება ნილოსი და ვეღარ დალევენ ეგვიპტელები ნილოსის წყალს" (გამოსვლა 7:16-18).

სისხლის სასჯელი

წყალი არის რაღაც, რაც ყველაზე ახლოს არის ჩვენთან და პირდაპირ არის დაკავშირებული ჩვენს სიცოცხლესთან. ადამიანის სხეულის 70% წყლისგან შედგება; ეს ყოველი ცოცხალი არსებისთვის განუყრელი ნაწილია.

დღეს, მზარდი მსოფლიო მოსახლეობასა და ეკონომიკურ განვითარებაში, მრავალი ქვეყანა წყლის უკმარისობისგან იტანჯება. გაერომ დაადგინა „მსოფლიო წყლის დღე" რათა შეახსენოს ქვეყნებს წყლის დიდი მნიშვნელობა. ეს არის ხალხის წასახალისებლად, რომ შეზღუდული წყლის რესურსები ეფექტურად გამოიყენონ.

ძველ ჩინეთში, მათ წყლის მაკონტროლებელი მინისტრი ჰყავდათ. წყალს ჩვენს გარშემო ყველგან ვხედავთ, მაგრამ ზოგჯერ ვერ ვამჩნევთ, თუ რამხელა მნიშვნელობა აქვს მას ჩვენს ცხოვრებაში.

რამხელა პრობლემა იქნებოდა, თუ კი მთელი ქვეყნის წყალი სისხლად გადაიქცეოდა! ფარაონს და ეგვიპტელებს შეემთხვათ ასეთი რამ. მდინარე ნილოსი სისხლად გადაიქცა.

მაგრამ ფარაონმა გაისასტიკა გული და არ მოუსმინა ღმერთის სიტყვას, რადგან ნანახი ჰქონდა, რომ თავის ჯადოქრებსაც შეეძლოთ წყლის სისხლად გადაქცევა.

მოსემ აჩვენა მას ცოცხალი ღმერთი, მაგრამ

ფარაონმა ეს უბრალო დამთხვევად ჩათვალა და უარყო იგი. ამგვარად, იგი იმის და მიხედვით აღმოჩნდა სასჯელის წინაშე, თუ რამხელა ბოროტებას ფლობდა.

მოსე და აარონი ისე მოიქცნენ, როგორც უფლისგან ჰქონდათ ნაბრძანები. ფარაონის და მისი მსახურების თვალში, მოსემ აწია კვერთხი და დაარტყა ნილოსს და მთელი ნილოსის წყალი სისხლად გადაიქცა!

შემდეგ ეგვიპტელებს ნილოსის გარშემო უნდა გაეთხარათ მიწა დასალევი წყლის მოსაპოვებლად. ეს იყო პირველი სასჯელი.

სისხლის სასჯელის სულიერი მნიშვნელობა

რა არის სისხლის სასჯელის სულიერი მნიშვნელობა?

ეგვიპტის დიდი ნაწილი უდაბნო და უდაბური ადგილია. ამიტომ, ფარაონი და მისი ხალხი დიდად იტანჯებოდნენ, რადგან მათი დასალევი წყალი სისხლად გადაიქცა.

არა მარტო დასალევი და ყოველდღიურად გამოყენებადი წყალი გაფუჭდა, არამედ თევზებიც მოკვდნენ და ცუდი სუნი იდგა. დისკომფორტი დიდი იყო.

ამ გაგებით, სისხლის სასჯელი სულიერად გულისხმობს ისეთი რაღაცეებისგან გამოწვეულ ტანჯვას, რომლებიც ჩვენს ყოველდღიურ ცხოვრებასთან არის დაკავშირებული. არსებობს

რაღაცეები რაც გამაღიზიანებელი და მტკივნეულია და რომლებიც საყვარელი ადამიანებისგან, ოჯახის წევრებისგან, მეგობრებისგან და კოლეგებისგან მოდის.

რაც შეეხება ჩვენს ქრისტიანულ ცხოვრებას, ეს სასჯელი შეიძლება იყოს გამოცდებივით ან დევნასავით, რომლებიც ჩვენი ახლო მეგობრებისგან, მშობლებისგან, ნათესავებისგან ან მეზობლებისგან მოდის. რა თქმა უნდა, ის ადამიანები, რომლებსაც დიდი რწმენის ზომა აქვთ, უფრო ადვილად გაუმკლავდებიან, მაგრამ მცირე რწმენის მქონეები დიდი ტკივილით დაიტანჯებიან.

განსაცდელები იმ ადამიანებს ხვდებათ, რომლებსაც ბოროტება აქვთ

როდესაც განსაცდელებში ვხვდებით, არსებობს ორი კატეგორია.

პირველი არის განსაცდელი, რომელშიც მაშინ ვხვდებით, როდესაც ღმერთის სიტყვით არ ვცხოვრობთ. ამ დროს თუ სწრაფად მოვინანიებთ, ღმერთი გააქრობს ამ განსაცდელს.

იაკობი 1:13-14 ამბობს, *„ნურავინ იტყვის განსაცდელში: ღვთისაგან გამოვიცდებიო; ვინაიდან ღმერთი არ ცდუნდება ბოროტით და არც თვითონ აცდუნებს ვინმეს. არამედ ყველა საკუთარი გულისთქმით*

ცდუნდება და წარიტაცება.“

მიზეზი, თუ რატომ ვხვდებით განსაცდელებში არის ის, რომ საკუთარ სურვილებს მივყვებით და ღმერთის სიტყვით არ ვცხოვრობთ და აქედან მოყოლებული ეშმაკი განსაცდელებს გვიგზავნის.

მეორე არის ის, რომ ზოგჯერ ვცდილობთ ჩვენს ქრისტიანულ ცხოვრებაში ერთგულები ვიყოთ, მაგრამ მაინც ვხვდებით განსაცდელებში. ეშმაკის შემშლელი სამუშაოებია, რომლებიც გვიბიძგებენ ჩვენი რწმენის დავიწყებაში.

თუ კი ასეთ შემთხვევაში კომპრომისზე წავალთ, სირთულეები კიდევ უფრო გაიზრდება და ვერ შევძლებთ კურთხევების მიღებას. ზოგი ადამიანი სულ მცირე რწმენას, რომელიც ჰქონდათ, იმასაც კარგავს და უბრუნდება ამ სამყაროს.

მიუხედავად ყველაფრისა, ორივე შემთხვევა იმიტომ არის გამოწვეული, რომ ბოროტება გვაქვს. ამგვარად, ჩვენ უნდა ვიპოვნოთ ბოროტებები ჩვენში და შემოვბრუნდეთ მათგან. რწმენით უნდა ვილოცოთ და მადლიერები უნდა ვიყოთ და ამის შემდეგ შევძლებთ განსაცდელების დაძლევას.

ზუსტად როგორც მოსეს გველმა გადაყლაპა გრძნეულების გველები, სატანის სამყაროც ღმერთის კონტროლის ქვეშ არის. როდესაც ღმერთმა პირველად დაუძახა მოსეს, მან მას კვერთხის გველად შეცვლის

ნიშანი აჩვენა (გამოსვლა 4:4). ეს სიმბოლურად გამოხატავს იმ ფაქტს, რომ მაშინაც კი, თუ განსაცდელში აღმოვჩნდებით ეშმაკის გამო, თუ ჩვენს რწმენას ღმერთზე მინდობით გამოვავლენთ, ღმერთი ყველაფერს უკან დაგვიბრუნებს.

და პირიქით, თუ კომპრომისზე წავალთ, ეს არ არის რწმენა და ვერ განვიცდით ღმერთის სამუშაოებს. როდესაც განსაცდელში ვართ, ჩვენ სრულიად ღმერთს უნდა მივენდოთ.

ყველაფერი ღმერთის კონტროლის ქვეშ არის. ამგვარად, დიდი თუ მცირე, ნებისმიერი განსაცდელისას, თუ კი ღმერთს მივენდობით და მის სიტყვას დავემორჩილებით, ჩვენ ეს განსაცდელი ვერაფერს დაგვაკლებს. თვით ღმერთი მოაგვარებს პრობლემას და ყველაფერში წარმატებისკენ წარგვიძღვება.

მაგრამ მნიშვნელოვანი რამ ის არის, რომ თუ კი მცირე სასჯელია, ჩვენ ადვილად შეგვიძლია მოგერიება, მაგრამ უფრო დიდი სასჯელის შემთხვევაში, არ არის ადვილი მისი სრულყოფილად მოგერიება. ამგვარად, ყოველთვის უნდა შევამოწმოთ საკუთარი თავები ჭეშმარიტების სიტყვით, განვდევნოთ ყველანაირი ფორმის ბოროტება და ვიცხოვროთ ღმერთის სიტყვით, რათა არ აღმოვჩნდეთ არავითარი სასჯელის წინაშე.

რწმენის ადამიანების გამოცდა კურთხევების მიზნით ხდება

ზოგჯერ არსებობს განსაკუთრებული შემთხვევა. ის ადამიანებიც კი შეიძლება აღმოჩნდნენ განსაცდელებში, რომლებსაც დიდი რწმენა აქვთ. პავლე მოციქულს, აბრაამს, დანიელს და მის სამ მეგობარს და იერემიასაც მოუწიათ განსაცდელების დაძლევა. ეშმაკმა იესოს შეცდენაც კი სცადა სამჯერ.

მსგავსად, განსაცდელები, რომლებიც დიდი რწმენის მქონე ადამიანებს ხვდებათ, კურთხევების მიზნით არის. თუ კი სიხარულით აღივსებიან, ღმერთის მადლიერები იქნებიან და მას მიენდობიან, ეს განსაცდელები კურთხევებად გადაიქცევა და ისინი შეძლებენ ღმერთის დიდებას.

ამგვარად, შესაძლებელია, რომ დიდი რწმენის მქონე ადამიანები აღმოჩნდნენ განსაცდელებში, რათა მათი დაძლევით კურთხევები მიიღონ. თუმცა, მათ არასოდეს შეხვდებათ სასჯელები. სასჯელები იმ ადამიანს ხვდება, რომელიც შეცდომებს ჩადის ღმერთის თვალში.

მაგალითად, პავლე მოციქულს უფლის გამო დევნიდნენ, მაგრამ ამის საშუალებით მან კიდევ უფრო დიდი ძალა მიიღო და გადამწყვეტი როლი ითამაშა რომის იმპერიის ევანგელიზაციაში.

დანიელი კომპრომისზე არ წავიდა ბოროტი

ადამიანების ხრიკებთან, რომლებსაც მისი შურდათ. მას არ შეუწყვიტავს ლოცვა და მხოლოდ სამართლიან გზას ადგა. საბოლოოდ იგი ლომების ბუნაგში ჩააგდეს, მაგრამ ზიანი არ მიეყენა. მან მნიშვნელოვნად ადიდა ღმერთი.

იერემია ტიროდა და ცრემლებით აფრთხილებდა ხალხს, როდესაც მისი ხალხი ღმერთის წინაშე ცოდვებს ჩადიოდნენ. ამის გამო იგი სცემეს და ციხეში ჩასვეს. მაგრამ იმ სიტუაციაშიც კი, როდესაც ნაბუქოდონოსორმა იერუსალიმი დაიპყრო და მრავალი ადამიანი დაიღუპა და ტყვედ ჩავარდა, იერემია გადარჩა და მეფე მას კარგად ექცეოდა.

რწმენით აბრაამმა გადალახა თავისი ვაჟის, ისააკის მსხვერპლად შეწირვის გამოცდა და ღმერთის მეგობარი ეწოდა. მან იმდენი კურთხევა მიიღო სულსა და სხეულში, რომ ერის მეფეც კი პატივისცემით იღებდა მას.

როგორც განვმარტე, უმეტეს შემთხვევაში, განსაცდელებში იმიტომ ვხვდებით, რომ ბოროტება გვაქვს, მაგრამ არსებობს განსაკუთრებული შემთხვევებიც, როდესაც ღმერთის ადამიანები რწმენაში იღებენ გამოცდებს, მაგრამ ამის შედეგი კურთხევაა.

გომბეშოების სასჯელი

ნილოსის სისხლად გადაქცევიდან შვიდი დღის შემდეგაც კი ფარაონის გული გასასტიკებული იყო. რადგან მისმა გრძნეულებმაც შეძლეს წყლის სისხლად გადაქცევა, იგი უარს ამბობდა ისრაელის ხალხის გაშვებაზე.

როგორც მეფე, ფარაონს უნდა ეზრუნა თავისი ხალხის დისკომფორტზე, რომლებიც წყლის ნაკლებობისგან იტანჯებოდნენ, მაგრამ მას ეს არ ანაღვლებდა, რადგან გული გასასტიკებული ჰქონდა.

და ამის გამო ეგვიპტე მეორე სასჯელის წინაშე აღმოჩნდა.

> *„გომბეშოები აფუთფუთდებიან ნილოსში, ამოვლენ და შეესევიან შენს სახლს, შენს საძილე ოთახს, შენს საწოლს, შენს მორჩილთა სახლებს, შენს ხალხს, შენს თონეებსა და შენს ვარცლებს. შემოგახტებათ გომბეშოები თავად შენ, შენს ხალხს და ყველა შენს მორჩილს“* (გამოსვლა 8:3-4).

როგორც ღმერთმა მოსეს უთხრა, როდესაც აარონმა ხელი გაიშვირა თავისი კვერთხით ეგვიპტის წყლებისკენ, უთვალავი რაოდენობის გომბეშოებმა დაიწყეს ეგვიპტის დაფარვა. შემდეგ გრძნეულებმაც იგივე გააკეთეს თავიანთი საიდუმლოო უნარებით.

ანტარქტიკის გარდა, მსოფლიოში 400-ზე მეტი სხვადასხვა სახის გომბეშო არსებობს. მათი ზომა განსხვავდება 2,5 სანტიმეტრიდან 30 სანტიმეტრამდე.

ზოგი ადამიანი ბაყაყებს ჭამს, მაგრამ ჩვეულებრივ ისინი ბაყაყების დანახვაზე გაოცებულები რჩებიან ან მათში ბაყაყები ზიზღის გრძნობას იწვევენ. ბაყაყს თვალები გარეთ უვარდება და კუდი არ აქვს. მათი უკანა ფეხები აპკიანია და კანი კი ყოველთვის სველი აქვთ. ეს ყველაფერი იწვევს რაღაცნაირ არაკომფორტულ გრძნობას.

არა მარტო რამდენიმე მათგანი, არამედ უთვალავმა რაოდენობის გომბეშომ დაფარა მთელი ქვეყანა. ისინი სასადილო მაგიდებზე იჯდნენ და აქა იქ დახტოდნენ საძინებელ ოთახებში და საწოლებზე.

გომბეშოების სასჯელის სულიერი მნიშვნელობა

რა არის გომბეშოების სასჯელის სულიერი მნიშვნელობა?

აპოკალიფსი 16:13-ში არის გამოთქმა, *„სამი უწმინდური სული, გომბეშოს მსგავსი."* გომბეშო ერთ-ერთი საძაგელი ცხოველთაგანია და სულიერად ეს გულისხმობს სატანას.

გომბეშოების მეფის სასახლეში და მინისტრების და ხალხის სახლებში შესვლა ნიშნავს, რომ ეს სასჯელი

ყველას ერთნაირად ეხებოდა, მიუხედავად მათი სოციალური მდგომარეობისა.

ასევე, გომბეშოების ლოგინებზე ასვლა ნიშნავს, რომ პრობლემები იქნებოდა ცოლებსა და ქმრებს შორის.

მაგალითად, ვთქვათ ცოლი მორწმუნეა, მაგრამ ქმარი არ არის, და ქმარი მას ღალატობს. შემდეგ, როდესაც გამოიჭერენ, იგი ასეთ მიზეზს იძლევა, „ეს იმიტომ, რომ შენ ყოველთვის ეკლესიაში ხარ."

თუ კი ცოლი დაუჯერებს თავის ქმარს, რომელიც ეკლესიას აბრალებს თავიანთ პირად პრობლემებს, და ღმერთს ჩამოცილდება, მაშინ ეს არის „სატანის მიერ გამოწვეული პრობლემა საძინებელში."

ხალხს ასეთი სასჯელი იმიტომ ხვდებათ, რომ მათ ბოროტება აქვთ. ისინი თითქოს კეთილი ცხოვრებით ცხოვრობენ რწმენაში, მაგრამ როდესაც გამოცდების წინაშე აღმოჩნდებიან, მათი გულები ირყევა. მათი ზეცის რწმენა და იმედი კი ქრება და ასევე სიხარული და სიმშვიდეც და ეშინიათ სიტუაციის რეალობას შეხედონ.

მაგრამ თუ კი ჭეშმარიტად აქვთ ზეცის იმედი და ღმერთი უყვართ, და თუ ჭეშმარიტი რწმენა აქვთ, ისინი არ დაიტანჯებიან სირთულეების გამო და ნაცვლად დაძლევენ მათ და დაიწყებენ კურთხევების მიღებას.

გომბეშოები თონეებსა და ვარცლებში. ვარცლები გულისხმობს ჩვენს ყოველდღიურ პურს და თონე კი

ჩვენს სამსახურს ან ბიზნესის სფეროს. ეს მთლიანად ნიშნავს სატანის სამუშაოებს ადამიანების ოჯახებში, სამსახურში, ბიზნესში და ყოველდღიურ საკვებშიც კი და ამიტომ ყველა რთულ და სტრესულ სიტუაციაში აღმოჩნდება.

ასეთ სიტუაციაში, ზოგი ადამიანი არ დასძლევს გამოცდას შემდეგი სიტყვებით, „ამ გამოცდების წინაშე იესოში რწმენის გამო აღმოვჩნდი," და შემდეგ უბრუნდებიან ამ სამყაროს. ეს არის ხსნის გზისა და საუკუნო ცხოვრებისგან ჩამოშორება.

მაგრამ თუ ისინი აღიარებენ იმ ფაქტს, რომ სირთულეებში რწმენის ნაკლებობის და ბოროტების გამო ხვდებიან, სატანას სამუშაოები გაქრება და ღმერთი დაეხმარება მათ სირთულეების დაძლევაში.

თუ კი ჭეშმარიტად გვაქვს რწმენა, ვერანაირი გამოცდა ან სასჯელი იქნება ჩვენი პრობლემა. მაშინაც კი, თუ განსაცდელის წინაშე აღმოვჩნდებით, თუ კი გავიხარებთ, მადლიერები ვიქნებით და ვილოცებთ, ყოველი პრობლემა მოგვიგვარდება.

„იხმო ფარაონმა მოსე და აარონი და უთხრა: შეევედრეთ უფალს, რომ მოგვაცილოს გომბეშოები მე და ჩემს ხალხს. მაშინ გავუშვებ თქვენს ხალხსაც და შესწირონ მსხვერპლი უფალს" (გამოსვლა 8:8).

ფარაონმა მოსეს და აარონს უთხრა, რომ გომბეშოები

გაექროთ, რომლებიც მთელს ქვეყანას მოსდებოდნენ. მოსეს ლოცვით კი გომბეშოები დაიხოცნენ.

ხალხმა ისინი დააგროვა და მიწა კი დაბინძურებული გახდა. ახლა ისინი ტანჯვისგან გათავისუფლდნენ. მაგრამ ფარაონმა როგორც კი მათი ეს შვება დაინახა, აზრი შეიცვალა. მას დაპირებული ჰქონდა, რომ როგორც კი გომბეშოები გაქრებოდნენ, ისრაელის ხალხს გაუშვებდა, მაგრამ ეს არ გააკეთა.

> *„დაინახა ფარაონმა, სული რომ მოითქვა ქვეყანამ და გაისასტიკა გული: არ მოუსმინა მათ, როგორც ნათქვამი ჰქონდა უფალს“* (გამოსვლა 8:15).

„გაისასტიკა გული“ ნიშნავს, რომ ფარაონი ჯიუტი იყო. ღმერთის ამდენი სასწაულის დანახვის შემდეგაც იგი არ უსმენდა მოსეს. შედეგად კი შემდეგი სასჯელი დაატყდათ თავს.

მუმლის სასჯელი

გამოსვლა 8:16-ში ღმერთმა უთხრა მოსეს, *„უთხარი აარონს, მოიღერე კვერთხი და დაჰკარი მიწას და მუმლი მოედება მთელს ეგვიპტეს.“*

როდესაც მოსემ და აარონმა ის გააკეთეს, რაც დავალებული ჰქონდათ, მიწის მტვერი მუმლებად

გადაიქცა მთელი ეგვიპტის მიწაზე.

გრძნეულებმა თავიანთი საიდუმლოო უნარებით სცადეს მუმლების გაჩენა, მაგრამ ვერაფერს გახდნენ. მათ საბოლოოდ გააცნობიერეს, რომ ამის ადამიანის ძალით გაკეთება შეუძლებელი იყო და აღიარეს მეფესთან.

„ეს ღვთის ხელია“ (გამოსვლა 8:19).

აქამდე გრძნეულებს მსგავსი რაღაცეების გაკეთება შეეძლოთ. მაგრამ ახლა ვეღარაფერს გახდნენ.

საბოლოოდ, მათაც უნდა ეღიარებინათ მოსეს მიერ ნაჩვენები ღმერთის ძალა. მაგრამ ფარაონი მაინც ისასტიკებდა გულს და არ უსმენდა მოსეს.

მუმლის სასჯელის სულიერი მნიშვნელობა

ებრაულ ენაზე ტერმინი „კინიმი“ სხვადასხვანაირად არის თარგმნილი როგორც „ტილები, რწყილები ან მუმლები.“ ასეთი მწერები ჩვეულებრივ პატარები არიან, რომლებიც ბინძურ ადგილას ბინადრობენ. ისინი აავადებენ ადამიანის ან ცხოველების სხეულებს და სისხლს წოვენ. ჩვეულებრივ მათ თმაში, ტანსაცმელებში ან ცხოველების ბეწვებში ვხვდებით. არსებობს 3300-ზე მეტი სახეობის მუმლი.

როდესაც ადამიანის სხეულიდან სისხლს წოვენ,

ეს ქავილს იწვევს. ამან ასევე შეიძლება გამოიწვიოს მეორადი ინფექცია, როგორიც შებრუნებითი ციებ-ცხელება ან გამოყრილი ტიფია.

დღეს, სუფთა ქალაქებში მათ ადვილად ვერ ვიპოვნით, მაგრამ არსებობდა მრავალი ასეთი მწერი, რომლებიც ადამიანის სხეულებში ბინადრობდნენ ჰიგიენის ნაკლებობის გამო.

მაშ, რა არის მუმლების სასჯელი?

მიწის მტვერი მუმლებად გადაიქცა. მტვერი ძალიან პატარა რამ არის, რომელსაც სულის შებერვითაც კი გავაქრობთ. მათი ზომა განსხვავდება 3-4 მიკრომეტრიდან 0,5 მილიმეტრამდე.

ზუსტად როგორც თითქმის უმნიშვნელო რამ, როგორიც მტვერია, ხდება ცოცხალი მუმლი, მუმლების სასჯელი სიმბოლურად გამოხატავს შემთხვევებს, როდესაც სულ მცირე რაღაცეები, რომლებიც ზედაპირზე იყვნენ, მოულოდნელად აღდგებიან და ხდებიან დიდი პრობლემები, რომლებიც ტანჯვასა და ტკივილს იწვევენ.

ჩვეულებრივ, ქავილი შედარებით უფრო ნაკლები ტკივილია ვიდრე სხვა დაავადებები, მაგრამ ძალიან გამაღიზიანებელია. ასევე, რადგან მუმლები ბინძურ ადგილებში ბინადრობენ, მუმლების სასჯელი ისეთ ადგილას მოხდება, სადაც ბოროტებაა.

მაგალითად, ძმებს ან ქმარსა და ცოლს შორის მცირე კამათი შეიძლება დიდ ჩხუბში განვითარდეს. როდესაც პატარა რაღაცაზე საუბრობენ, რომელიც წარსულში მოხდა, ესეც შეიძლება დიდ ჩხუბში გადაიზარდოს. ესეც მუმლების სასჯელია.

როდესაც ისეთი ბოროტებები, როგორებიც არის შური და ეჭვიანობა გულში იზრდება და სიძულვილად იქცევა, როდესაც ადამიანი ვერ აკონტროლებს თავის რისხვას და ვინმეზე ბრაზდება, როდესაც ადამიანის მცირე სიცრუე ხდება დიდი ტყუილი, რადგან ამის დამალვა სურს, ეს ყველაფერია მუმლების სასჯელის მაგალითებია.

თუ კი გულში ფარული ბოროტება არსებობს, მაშინ ადამიანს გულში სევდა აქვს. მან შეიძლება იგრძნოს, რომ ქრისტიანული ცხოვრება რთულია. მას შეიძლება მცირე დაავადება შეეყაროს. ესენიც მუმლების სასჯელებია. თუ კი მოულოდნელად გავცივდებით ან სიცხე მოგვცემს, ან თუ მცირე კამათები და პრობლემები გვაქვს, ჩვენ დაუყოვნებლივ უნდა გადავხედოთ ჩვენს ქმედებებს და მოვინანიოთ.

რას ნიშნავს, რომ მუმლები ცხოველებზე იყვნენ? ცხოველები ცოცხალი არსებები არიან და იმ დროს, ცხოველების რაოდენობა მიწასთან ერთად, ადამიანის სიმდიდრის საზომი იყო. მეფეს, მინისტრებს და ხალხს ჰქონდათ ვენახები და ცხოველებს ზრდიდნენ.

დღეს რა არის ჩვენი ქონება? არა მარტო სახლები,

მიწა, ბიზნესი ან სამსახური, არამედ ოჯახის წევრებიც „ქონების“ კატეგორიას მიეკუთვნებიან. და რადგან ცხოველები ცოცხალი არსებები არიან, ეს გულისხმობს იმ ოჯახის წევრებს, რომლებიც ერთად ცხოვრობენ.

„მუმლები ადამიანებსა და ცხოველებზე“ ნიშნავს, რომ როდესაც მცირე პრობლემები იზრდება, არა მარტო ჩვენ, არამედ ჩვენი ოჯახის წევრებიც იტანჯებიან.

ასეთი მაგალითებია შემთხვევები, როდესაც შვილები იტანჯებიან მშობლების შეცდომების გამო ან ქმარი იტანჯება ცოლის შეცდომების გამო.

კორეაში მრავალი ბავშვი იტანჯება ატოპიური დერმატიტისგან. ეს თავიდან მცირე ქავილით იწყება და მალე მთელს სხეულზე ვრცელდება და ჩირქის გამოყოფას იწვევს კანისა და ძირმაგარების დასკდომით.

მძიმე შემთხვევაში ზოგი ბავშვის კანი ჩირქის გამოსაყოფად თავიდან ფეხებამდე იხსნება. გახსნილი კანი კი ჩირქითა და სისხლით იფარება.

მშობლები, როდესაც თავიანთ შვილებს ასეთ სიტუაციაში ხედავენ, გულგატეხილები არიან იმ ფაქტის გამო, რომ არაფრის გაკეთება არ შეუძლიათ მათთვის.

ასევე, როდესაც მშობლები ბრაზდებიან, შვილებს ზოგჯერ სიცხე აძლევთ. ხშირ შემთხვევაში, ბავშვების ავადმყოფობები გამოწვეულია მშობლების

შეცდომების გამო.

ამ სიტუაციაში, თუ კი მშობელი შეამოწმებს საკუთარ თავს და მოინანიებს, შვილები მალევე განიკურნებიან.

ჩვენ ვხედავთ, რომ ისიც ღმერთის სიყვარულია, რომ ასეთი რაღაცეები ხდება. მუმლების სასჯელი მაშინ გვემართება, როდესაც ბოროტება გვაქვს. ამგვარად, ჩვენ სულ მცირე რაღაცეებიც კი არ უნდა მოგვეჩვენოს უბრალო დამთხვევად და უნდა აღმოვაჩინოთ ბოროტება ჩვენში და მოვინანიოთ და შემოვბრუნდეთ მათგან.

თავი 4

ბუზანკლის, შავი ჭირის და მუწუკების სასჯელები

გამოსვლა 8:21-9:11

„ასეც გააკეთა უფალმა. შეესია უთვალავი ბუზანკალი ფარაონის სახლს, მის მორჩილთა სახლებს, მთელ ეგვიპტის ქვეყანას. იღუპებოდა ქვეყანა ბუზანკალისგან“ (გამოსვლა 8:24).
„დაჰკრავს უფლის ხელი შენს საქონელს, მინდვრად რომ გყავს – ცხენებს, სახედრებს, აქლემებს, ცხვარ-ძროხას. გაჩნდება საშინელი ჭირი.“ „აღასრულა უფალმა ეს საქმე მეორე დღეს და გაწყდა ეგვიპტელთა საქონელი, ხოლო ისრაელიანთა საქონელში არც ერთი სული არ დაღუპულა“ (9:3, 6).
„აიღეს ქურის ნაცარი და წარუდგნენ ფარაონს. ააფრქვია მოსემ ნაცარი ცისკენ და გამოეყარა კაცსა და პირუტყვს ყვავილის მუწუკები. ვერაფერს გახდნენ გრძნეულები მოსესთან, რადგან გამონაყარი ჰქონდათ გრძნეულებსაც და მთელს ეგვიპტეს“ (9:10-11).

ეგვიპტელი გრძნეულები აღიარებდნენ ღმერთის ძალას მუმლების სასჯელის ნახვის შემდეგ. მაგრამ ფარაონი მაინც ისასტიკებდა გულს და არ უსმენდა მოსეს. ღმერთის ძალა, რომელიც აქამდე იყო გამომჟღავნებული, საკმარისი იყო მისთვის, რომ ერწმუნა. მაგრამ იგი მხოლოდ თავის ძალაუფლებას ეყრდნობოდა და საკუთარ თავს ღმერთად თვლიდა და არ ეშინოდა ღმერთის.

სასჯელები გრძელდებოდა, მაგრამ იგი არ ინანიებდა და კიდევ უფრო ისასტიკებდა გულს. ამგვარად, სასჯელებიც უფრო გაიზარდა. ამ ეტაპზე კი მათთვის მოსულიერება უფრო და უფრო გართულდა.

ბუზანკალის სასჯელი

მოსე დილით ადრე მივიდა ფარაონთან ღმერთის სიტყვის მიხედვით. მან კიდევ ერთხელ გადასცა ღმერთის მოწოდება, რომ ისრაელის ხალხი გაეშვა.

„უთხრა უფალმა მოსეს: წადი დილაადრიანად და წარუდექი ფარაონს, როცა წყალზე ჩამოვა; უთხარი, ასე ამბობს-თქო უფალი: გაუშვი ჩემი ხალხი, რომ თაყვანი მცეს" (გამოსვლა 8:20).

მიუხედავად ამისა, ფარაონმა არ მოუსმინა მოსეს. ამან კი ბუზანკალის სასჯელი გამოიწვია არა მარტო

ფარაონის და მინისტრების სახლებში, არამედ მთელს ეგვიპტეში. ეგვიპტე ბუზანკალებით იყო დაფარული.

ბუზები მავნებლები არიან. ისინი გადასცემენ ისეთ დაავადებებს, როგორიც არის მუცლის ტიფი, ქოლერა, ტუბერკულოზი და კეთრი. ჩვეულებრივ სახლის ბუზს ყველგან შეუძლია გამრავლება, სხეულის შიგნეულობასა და ნაგავზეც კი. ისინი ყველაფერს ჭამენ, ეს საკვები თუ ნაგავი იქნება. მათი საჭმლის მონელება სწრაფია და ნარჩენებს ყოველ ხუთ წუთში გამოყოფენ.

სხვადასხვა ტიპის პათოგენური ორგანიზმები შეიძლება დარჩეს ადამიანის საკვებზე ან ჭურჭელზე და მათ შეუძლიათ ადამიანის სხეულში შეძრომა. მათი პირი და ფეხები დაფარულია სითხეებით, რომლებიც ატარებენ პათოგენურ ორგანიზმებს. ისინი გადამდები დაავადებების ერთ-ერთი ყველაზე დიდი მიზეზები არიან.

დღეს, ჩვენ მრავალი პროფილაქტიკური საშუალება და მკურნალობა გვაქვს და არ არსებობს მრავალი დაავადება, რომლებსაც ბუზები დაატარებენ. მაგრამ დიდი ხნის წინათ, თუ კი რაიმე გადამდები დაავადება დაიწყებოდა, მრავალი ადამიანი კვდებოდა. ასევე, გარდა გადამდები დაავადებებისა, თუ კი ბუზები ჩვენს საკვებზე დასხდებიან, მის ჭამას ვეღარ შევძლებთ, რადგან საკვები სუფთა აღარ იქნება.

და არა მარტო ერთი ან ორი ბუზი, არამედ

უთვალავი რაოდენობის ბუზმა დაფარა ეგვიპტის მიწა. როგორი მტკივნეული იქნებოდა ეს ხალხისთვის!

მთელი ეგვიპტის მიწას მიეყენა ზარალი ბუზების საზარელი გუნდით. ეს იმას ნიშნავს, რომ არა მარტო ფარაონის, არამედ ყველა ეგვიპტელის აჯანყება მთელს ქვეყანას მოედო.

მაგრამ, იმისათვის რომ ნათელი განსხვავება გავაკეთოთ ისრაელიტებსა და ეგვიპტელებს შორის, გოშენის მიწაზე, სადაც ისრაელიტები ცხოვრობდნენ, არ იყო ბუზების გუნდი.

> *„წადით, შესწირეთ მსხვერპლი თქვენს ღმერთს ჩემს ქვეყანაში“* (გამოსვლა 8:25).

სანამ ღმერთი პირველ სასჯელს გაუგზავნიდა, მან უბრძანა მათ, რომ მისთვის შესაწირი უდაბნოში გაეკეთებინათ, მაგრამ ფარაონმა ბრძანა, რომ შესაწირის გაკეთება ეგვიპტის მიწაზე უნდა მომხდარიყო. ახლა, მოსემ უარი თქვა ამ წინადადებაზე და მას ამის მიზეზიც უთხრა.

> *„უთხრა მოსემ: ვერ ვიზამთ ამას, რადგან სისაძაგლეა ეგვიპტელთათვის ჩვენი მსხვერპლშეწირვა უფლის, ჩვენი ღმერთისადმი. ხომ ჩაგვქოლლეს, თუ შევწირეთ ეგვიპტელთათვის საძაგელი მსხვერპლი მათ თვალწინ!“* (გამოსვლა

8:26).

მოსემ განაგრძო იმის თქმა, რომ სამი დღის განმავლობაში უდაბნოში წავიდოდნენ და ღმერთის ბრძანებას დაემორჩილებოდნენ. ფარაონმა უპასუხა და უთხრა, რომ შორს არ წასულიყო და მისთვისაც ელოცა.

მოსემ უთხრა ფარაონს, რომ მომდევნო დღეს ბუზები გაქრებოდნენ და ისრაელიტების გაშვება სთხოვა.

მაგრამ მოსეს ლოცვით ბუზების განდევნის შემდეგ, ფარაონმა გადაწყვეტილება შეცვალა და ისრაელის ხალხი არ გაუშვა. ამით ჩვენ გვესმის, თუ როგორი ცბიერი და მატყუარა იყო იგი. და ასევე ვხედავთ, თუ რატომ მოუწია ამდენი სასჯელი.

ბუზანკალის სასჯელის სულიერი მნიშვნელობა

ზუსტად როგორც ბუზები ბინძური ადგილებიდან მოდიან და გადამდებ დაავადებებს ატარებენ, თუ კი ადამიანის გული ბოროტი და ბინძურია, იგი მხოლოდ ბოროტებას ილაპარაკებს და საკუთარი თავის დაავადმყოფებას გამოიწვევს. ეს არის ბუზანკალის სასჯელი.

ასეთი სასჯელი, როდესაც მოდის, არა მარტო ერთ ადამიანს ემთხვევა, არამედ მის ცოლს/ქმარს და სამსახურს. მათე 15:18-19-ში წერია, „ხოლო

პირით გამომავალი გულიდან გამოდის და სწორედ ის ბილწავს კაცს. ვინაიდან გულიდან გამოვლენ: უკეთური ზრახვანი, კაცივლანი, მრუშობანი, სიძვანი, პარვანი, ცილისწამებანი, გმობანი."

რაც ადამიანის გულშია, ის ბაგეზე გადმოდის. კეთილი გულიდან კეთილი სიტყვები ამოდის და ბინძურიდან კი ბინძური სიტყვები. თუ კი არაჭეშმარიტება და ცბიერება და სიძულვილი და სიბრაზე გვაქვს, ასეთი სიტყვები ამოვა ჩვენი გულიდან.

ცილის წამება, განსჯა, გაკიცხვა და წყევლა ბოროტი და ბინძური გულიდან მოდის. ამიტომ ამბობს მათე 15:11, *„პირით შემავალი კი არ შებილწავს კაცს, არამედ პირიდან გამომავალია ის, რაც ბილწავს კაცს."*

ურწმუნოებიც კი ამბობენ ასეთ რაღაცეებს, „სიტყვები თესლებივით ცვივა," ან „წყალს რომ დაასხამ, იმას უკან ვეღარ დააბრუნებ."

თქვენ უბრალოდ არ შეგიძლიათ იმის გაუქმება, რაც უკვე თქვით. განსაკუთრებით ქრისტიანის ცხოვრებაში, ბაგით აღიარება ძალიან მნიშვნელოვანია. იმის და მიხედვით, თუ როგორ სიტყვებს ამბობთ, არის ეს უარყოფითი თუ დადებითი, ამას თქვენთვის შეიძლება განსხვავებული შედეგები ჰქონდეს.

თუ კი უბრალოდ გაციება ან გადამდები დაავადება შეგვეყრება, ეს ეკუთვნის მუმლების სასჯელის კატეგორიას. ამგვარად, თუ კი დაუყოვნებლივ

მოვინანიებთ, ჩვენ გამოვჯანმრთელდებით. მაგრამ ბუზანკალის სასჯელის შემთხვევაში, მონანიების შემდეგაც კი ჩვენ მაშინათვე ვერ გამოვჯანმრთელდებით. რადგან ეს კიდევ უფრო დიდი ბოროტებისგან არის გამოწვეული ვიდრე მუმლების სასჯელი, ჩვენ სასჯელის მიღება მოგვიწევს.

ამგვარად, თუ კი ბუზანკალის სასჯელის წინაშე აღმოვჩნდებით, ჩვენ უნდა გადავხედოთ ჩვენს წარსულს და მოვინანიოთ ბოროტი სიტყვები და მისთანანი. მხოლოდ მონანიების შემდეგ მოგვარდება პრობლემები.

ბიბლიაში ჩვენ ვხვდებით ადამიანებს, რომლებმაც თავიანთი ბოროტი სიტყვების გამო სასჯელები მიიღეს. ეს იყო მიქალ, მეფე საულის ქალიშვილის და მეფე დავითის ცოლის შემთხვევაში. 2 სამუელი 6-ში, როდესაც უფალი ღმერთის კიდობანი უკან წაიღეს დავითის ქალაქში, დავითი ძალიან ბედნიერი იყო და ყველას თვალწინ ცეკვავდა.

უფლის კიდობანი ღმერთის არსებობის სიმბოლო იყო. იმ დროს ფილისტელებმა წაიღეს, მაგრამ მალევე დაიბრუნეს. კარავში ვერ დარჩებოდა და ამიტომ სამოცდაათი წლის განმავლობაში კირიათ-იეყარიმში დატოვეს. მას შემდეგ, რაც დავითმა სამეფო ტახტი მოიპოვა, მან კიდობანის იერუსალიმში გადატანა შეძლო.

არა მარტო დავითმა, არამედ მთელი ისრაელის

ხალხმა გაიხარა და ადიდა ღმერთი. მაგრამ მიქა, რომელსაც ქმართან ერთად უნდა გაეხარა, ზემოდან უყურებდა მეფეს და სძულდა იგი.

„როგორ განდიდდა დღეს ისრაელის მეფე, რომ გაშიშვლდა დღეს თავის მორჩილთა და მხევალთა თვალწინ, როგორც შიშვლდება ხოლმე ქარაფშუტა ვინმე!" (2 სამუელი 6:20).

მაშ, რა თქვა დავითმა?

„უფლის წინაშე, რომელმაც მამჯობინა მამაშენს და მთელს მას სახლს, როცა დამადგინა უფლის ერის, ისრაელის წინამძღოლად, უფლის წინაშე სიხარულით ვიროკებ. რაც უფრო დავმცირდები და დავმდაბლდები ჩემს თვალში, მით უფრო დიდებული გამოვჩნდები მხევალთა წინაშე, მათ წინაშეც კი, შენ რომ ახსენე" (2 სამუელი 6:21-22).

რადგან მიქამ ასეთი ბოროტი სიტყვები თქვა, მას სიკვდილის ბოლომდე შვილი არ ეყოლა.

მსგავსად, ადამიანები მრავალ ცოდვას ჩადიან თავიანთი ბაგეებით, მაგრამ ვერც კი აცნობიერებენ, რომ ეს სიტყვები ცოდვებია. ბაგეებზე ბოროტების გამო, ცოდვების სასჯელები ხვდებათ სამსახურებში, ბიზნესებში და ოჯახებში და ვერც კი აცნობიერებენ,

თუ რატომ ხდება ეს. ღმერთი ასევე გვეუბნება სიტყვების მნიშვნელობის შესახებ.

> *„ცოდვილი ბაგეებით უკეთური მახეში ებმება, მართალი კი თავს აღწევს გასაჭირს. კაცი თავისი პირის ნაყოფით კეთილად დანაყრდება, თავისი ხელის საზღაური ადამიანს უკან უბრუნდება“* (იგავნი 12:13-14).

> *„კაცი თავის ნათქვამისამებრ იგემებს სიკეთეს, მოღალატეთა სული კი – ბოროტებას. პირმარხული კაცი თავს გადაირჩენს, ბაგემორღვეულს კი დაღუპვა მოელის“* (იგავნი 13:2-3).

> *„სიკვდილ-სიცოცხლე ენის ხელშია და მისი მოყვარულნი მის ნაყოფს იგემებენ“* (იგავნი 18:21).

ჩვენ უნდა გავაცნობიეროთ, თუ რა შედეგებს იწვევს ჩვენი ბოროტი სიტყვები, რათა მხოლოდ დადებითი და სამართლიანი სიტყვებით ვისაუბროთ.

შავი ჭირის სასჯელი

ბუზანკალის სასჯელისგან ტანჯვის შემდეგაც

კი ფარაონი არ უშვებდა ისრაელის ხალხს. შემდეგ ღმერთმა შავი ჭირის სასჯელი მოახდინა.

ამ დროსაც, ღმერთმა ჯერ მოსე გაგზავნა, სანამ მათ სასჯელს გაუგზავნიდა.

> *„თუ უარს იტყვი მათ გაშვებაზე და კიდევ დააკავებ, დაჰკრავს უფლის ხელი შენს საქონელს, მინდვრად რომ გყავს – ცხენებს, სახედრებს, აქლემებს, ცხვარ-ძროხას. გაჩნდება საშინელი ჭირი. გამოარჩევს უფალი ისრაელიანთა საქონელს ეგვიპტელთა საქონელისაგან და არაფერი დაეხოცებათ ისრაელიანებს“* (გამოსვლა 9:2-4).

იმისათვის, რომ მათთვის გაეცნობიერებინა, რომ ეს არ იყო უბრალო დამთხვევა, მან დაადგინა გარკვეული დრო და თქვა, „ხვალ უფალი ამას გააკეთებს მიწაზე.“ ამ გზით იგი მათ მონანიების შანსს აძლევდა.

ფარაონს ღმერთის ძალა სულ მცირედ მაინც რომ ეღიარებინა, იგი შეიცვლიდა აზრს და აღარ დაიტანჯებოდა სასჯელებით.

მაგრამ მან ეს არ გააკეთა. შედეგად კი შავი ჭირის სასჯელი მოვიდა და საქონელი, რომლებიც მინდორში იყვნენ – ცხენები, ვირები, აქლემები და ცხვრები – დაიხოცნენ.

და პირიქით, ისრაელის ხალხის არცერთი საქონელი არ მომკვდარა. ღმერთმა მათ გააცნობიერებინა, რომ

იგი ცოცხალია და რომ ასრულებს თავის სიტყვა. ფარაონმა ძალიან კარგად იცოდა ეს ფაქტი, მაგრამ მაინც ისასტიკებდა გულს და არ ცვლიდა თავის გადაწყვეტილებას.

შავი ჭირის სასჯელის სულიერი მნიშვნელობა

შავი ჭირი არის ნებისმიერი დაავადება, რომელიც სწრაფად ვრცელდება და დიდი რაოდენობის ადამიანებსა და ცხოველებს კლავს. ახლა, ეგვიპტის მთელი საქონელი დაიხოცა და ჩვენ წარმოგვიდგენია, თუ რამხელა ზარალი იყო ეს.

მაგალითად, შავი ჭირი, რომელიც მეთოთხმეტე საუკუნეში ევროპაში გაბატონდა, სინამდვილეში იყო ეპიდემია, რომელიც ისეთ ცხოველებს ხვდებათ, როგორებიც ციყვები და ვირთხები არიან. მაგრამ ხალხში რწყილებით გავრცელდა და რადგან ასეთი გადამდები იყო და სამედიცინო მეცნიერება არ იყო კარგად განვითარებული, მრავალი ადამიანის სიკვდილი გამოიწვია.

საქონელი მაშინ ადამიანის სიმდიდრის დიდი ნაწილი იყო. ამგვარად, საქონელი სიმბოლურად გამოხატავს ფარაონის, მინისტრების და ხალხის ქონებას. საქონელი ცოცხალი არსებებია და დღევანდელი გაგებით, ეს ეხება ჩვენი ოჯახის წევრებს,

კოლეგებს და მეგობრებს, რომლებიც ჩვენთან ერთად არიან სამსახურში, სახლში თუ ბიზნესში.

შავი ჭირის მიზეზი ეგვიპტის საქონელზე ფარაონის ბოროტება იყო. აქედან გამომდინარე, შავი ჭირის სასჯელის სულიერი მნიშვნელობა არის ის, რომ დაავადებები ჩვენი ოჯახის წევრებს შეეყრებათ, თუ კი ბოროტებას დავაგროვებთ და ღმერთი მიგვატოვებს.

მაგალითად, როდესაც მშობლები არ ემორჩილებიან ღმერთს, მათი შვილები შეიძლება ისე დაავადდნენ, რომ განკურნება რთული იყოს. ან, ქმრის ბოროტების გამო მისი ცოლი შეიძლება ავად გახდეს. როდესაც ასეთი სასჯელების წინაშე ვართ, არა მარტო ჩვენს წარსულს უნდა გადავხედოთ, არამედ ჩვენი ოჯახის წევრებისასაც და ერთად უნდა მოვინანიოთ.

გამოსვლა 20:4-დან მოყოლებული წერია, რომ კერპთაყვანისმცემლობის სასჯელი გადავა სამ და ოთხ თაობაზე.

რა თქმა უნდა, სიყვარულის ღმერთი უბრალოდ არ დასჯის ადამიანებს ნებისმიერ სიტუაციაში, თუ კი შვილები გულში კეთილები არიან, ღმერთს იღებენ და რწმენაში ცხოვრობენ, ისინი არ აღმოჩნდებიან მათი მშობლების მიერ გამოწვეული სასჯელების წინაშე.

მაგრამ თუ კი შვილები კიდევ უფრო მეტ ბოროტებას დააგროვებენ, ცოდვების გამო პასუხს აგებენ. ხშირ შემთხვევაში, ის შვილები, რომლებიც ისეთ ოჯახებში იბადებიან, რომელთა წევრებიც

კერპთაყვანისმცემლობას ეწევიან, მათ თანდაყოლილი უუნარობა ან ფსიქიკური აშლილობა აქვთ.

ზოგ ადამიანს იღბლიანი ამულეტები აქვთ სახლის კედლებზე ჩამოკიდებული. ზოგი ბუდას ცემს თაყვანს. და ზოგი კი ბუდისტურ ტაძრებში თავის სახელს წერს. ასეთ სერიოზულ კერპთაყვანისმცემლობაში, მაშინაც კი თუ თვითონ არ დაიტანჯებიან, მათ შვილებს ექნებათ პრობლემები.

ამგვარად, მშობლები ყოველთვის ჭეშმარიტებაში უნდა დარჩნენ, რათა მათი ცოდვები შვილებზე არ გადავიდეს. თუ კი ოჯახის ერთ-ერთ წევრს ისეთ დაავადება შეეყრება, რომლის განკურნებაც რთულია, მათ უნდა შეამოწმონ ეს ცოდვების გამო ხომ არ არის გამოწვეული.

მუწუკების სასჯელი

ფარაონმა ნახა ეგვიპტის საქონლის სიკვდილი და გაგზავნა ვიღაც, რომ შეემოწმებინა თუ რა ხდებოდა გოშენის მიწაზე, სადაც ისრაელიტები ცხოვრობდნენ. ეგვიპტის სხვა მიწებთან განსხვავებით, გოშენში არცერთი საქონელი არ იყო მკვდარი.

ღმერთის უდაო სიძლიერის გამოცდის შემდეგაც კი, ფარაონი არ შემობრუნდა.

„გაგზავნა ამბის გასაგებად ფარაონმა და, აჰა,

არც ერთი სული არ იყო დაღუპული ისრაელის საქონელში. გაისასტიკა გული ფარაონმა და არ გაუშვა ხალხი" (გამოსვლა 9:7).

საბოლოოდ ღმერთმა უთხრა მოსეს და აარონს, რომ ერთი პეშვი ქურის ნაცარი აეღოთ და მოსეს ცისკენ აეფრქვია ფარაონის თვალწინ. ამის გაკეთების შემდეგ, ეს ნაცარი მუწუკებად გადაიქცა.

მუწუკი კანის ლოკალიზებული ამონაზნექი და ანთებაა, რომელიც გამოწვეულია თმის ფოლიკულების და მოსაზღვრე ქსოვილის ინფექციებისგან.

სერიოზულ შემთხვევაში, ადამიანს შეიძლება ოპერაციაც კი დასჭირდეს. ზოგი მუწუკი დიამეტრში 10 სანტიმეტრზე დიდიც კი არის. ეს სივდება და იწვევს მაღალ სიცხეს და დაქანცულობას და ზოგს ნორმალურად სიარულიც კი არ შეუძლია.

ეს მუწუკები ადამიანებსა და ცხოველებზე გავრცელდა და გრძნეულებს მოსეს წინ დადგომაც კი არ შეეძლოთ მუწუკების გამო.

შავი ჭირის შემთხვევაში, მხოლოდ საქონელი დაიღუპა. მაგრამ მუწუკები ადამიანებზეც გავრცელდა.

მუწუკების სასჯელის სულიერი მნიშვნელობა

შავი ჭირი შიდა დაავადებაა, მაგრამ მუწუკი გარედან ჩნდება, როდესაც შიდა რაიმე უფრო

სერიოზულია.

მაგალითად, მცირე კიბოს უჯრედი იზრდება და საბოლოოდ გარედან მჟღავნდება. ეს იგივეა ცერებრული დამბლის, პარალიზის, ფილტვების დაავადებების და შიდსის შემთხვევაშიც.

ამ დაავადებებს ჩვეულებრივ იმ ადამიანებში ვხვდებით, რომლებიც ჯიუტი ხასიათების არიან. ეს თითოეულ შემთხვევაში შეიძლება განსხვავდებოდეს, მაგრამ მრავალი მათგანი ფიცხი და ამპარტავანია, არ პატიობენ სხვებს და ფიქრობენ, რომ საუკეთესოები არიან. ასევე, ისინი იჟინებენ თავიანთ აზრებს და სხვებს უგულებელყოფენ. ეს ყველაფერი სიყვარულის ნაკლებობის გამო ხდება. ამ მიზეზების გამო არიან ასეთი სასჯელების წინაშე.

ზოგჯერ, ჩვენ შეიძლება დავფიქრდეთ, „იგი ძალიან მშვიდად და კეთილად გამოიყურება და რატომ იტანჯება ასეთი დაავადებისგან?“ მაგრამ მიუხედავად იმისა, რომ გარედან კეთილად და მშვიდად გამოიყურებიან, ღმერთის თვალში ეს შეიძლება ასე არ იყოს.

თუ კი იგი თვითონ არ არის ჯიუტი, მაშინ ეს მისი წინაპრების მიერ ჩადენილი ცოდვების გამო ხდება (გამოსვლა 20:5).

როდესაც სასჯელი ოჯახის წევრის გამო მოდის, პრობლემა მაშინ მოგვარდება, როდესაც ყოველი ოჯახის წევრი ერთად მოინანიებს. ამით, თუ კი მშვიდობა ექნებათ ოჯახში, ეს სასჯელი მათთვის

კურთხევად გადაიქცევა.

ღმერთი აკონტროლებს ადამიანთა მოდგმის სიცოცხლეს, სიკვდილს, ბედნიერებას და უბედურებას თავისი სამართლიანობის მიხედვით. ამგვარად, სასჯელი ან უბედურება მიზეზის გარეშე არ ხდება (2 რჯული 28).

ასევე, მაშინაც კი, როდესაც შვილები მშობლების ან წინაპრების ცოდვების გამო იტანჯებიან, საფუძველი თვით შვილებშია. მაშინაც, თუ მშობლები კერპთაყვანისმცემლობას ეწევიან, თუ შვილები ღმერთის სიტყვით ცხოვრობენ, ღმერთი მათ დაიცავს და ამიტომ სასჯელის წინაშე არ აღმოჩნდებიან.

წინაპრების ან მშობლების კერპთაყვანისმცემლობის ცოდვების სასჯელი გადადის შვილებზე, რადგან თვითონ შვილები არ ცხოვრობენ ღმერთის სიტყვით. თუ კი ჭეშმარიტებაში იცხოვრებენ, ღმერთი დაიცავს მათ და პრობლემები არ შეექმნებათ.

რადგან ღმერთი სიყვარულია, იგი ერთ სულს მიიჩნევს მთელს სამყაროზე უფრო ძვირფასად. მას სურს, რომ თითოეულმა ადამიანმა მიიღოს ხსნა, იცხოვროს ჭეშმარიტებაში და ცხოვრებაში გაიმარჯვოს.

ღმერთი სასჯელებს იმიტომ არ გვიგზავნის, რომ განადგურების გზაზე დაგვაყენოს, არამედ იმიტომ, რომ მოგვანანიებინოს ცოდვები და შემოგვაბრუნოს თავისი სიყვარულის მიხედვით.

სისხლის, გომბეშოების და მუმლების სასჯელები გამოწვეულია სატანის მიერ და შედარებით უფრო სუსტებია. ამგვარად, თუ კი მოვინანიებთ და შემოვბრუნდებით, მათი მოგვარება ადვილი იქნება.

მაგრამ ბუზანკალის, შავი ჭირის და მუწუკების სასჯელები უფრო სერიოზულია და ისინი პირდაპირ ეხებიან ჩვენს სხეულებს. ამგვარად, ასეთ შემთხვევებში, ჩვენ ჩვენი გულები წინ უნდა დავცვითოთ და საფუძვლიანად მოვინანიოთ.

თუ კი ერთ-ერთი ასეთი სასჯელისგან ვიტანჯებით, ჩვენ ეს სხვებს არ უნდა დავაბრალოთ. ნაცვლად, საკმარისად გონიერები უნდა ვიყოთ, რომ საკუთარი თავები ღმერთის სიტყვაზე ავსახოთ და მოვინანიოთ ის ყველაფერი, რაც ღმერთის თვალში არ არის სწორი.

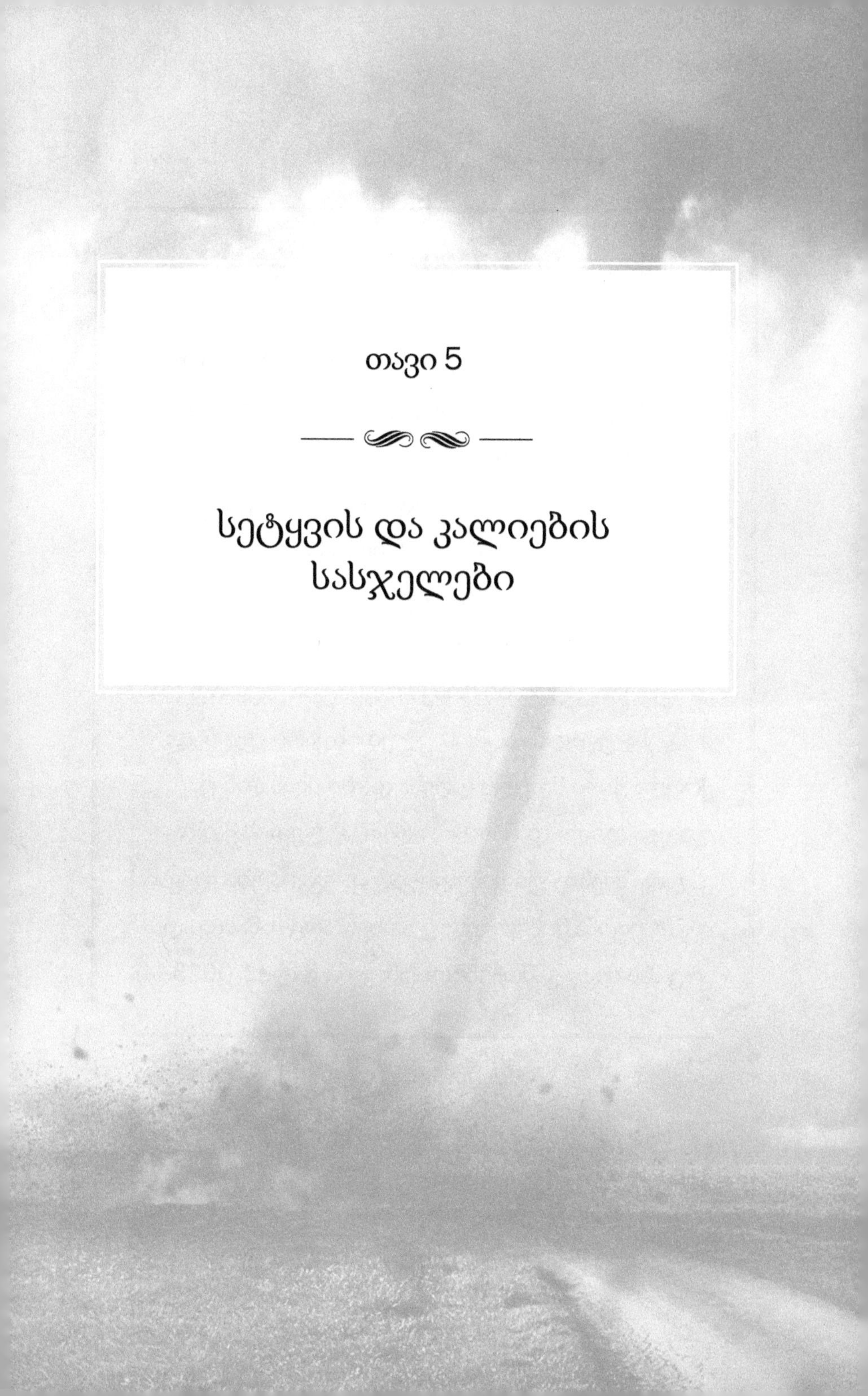

თავი 5

სეტყვის და კალიების სასჯელები

გამოსვლა 9:23-10:20

„ცისკენ მოიღერა მოსემ თავისი კვერთხი და გამოსცა უფალმა გრგვინვა და სეტყვა. ცეცხლმა დაუარა დედამიწას და დასეტყვა უფალმა ეგვიპტის ქვეყანა. მოდიოდა სეტყვა და ცეცხლი გიზგიზებდა სეტყვაში, ძალზე მაგარი იყო სეტყვა, მისი მსგავსი არ მოსულა ეგვიპტის ქვეყანაში, რაც იქ ხალხი სახლობს" (9:23-24).

„მოუღერა კვერთხი მოსემ ეგვიპტის ქვეყანას და მოდენა უფალმა აღმოსავლეთის ქარი ქვეყნად; ქროდა ქარი მთელს დღესა და მთელს ღამეს. დადგა დილა და მოასია აღმოსავლეთის ქარმა კალია. შეესია უთვალავი კალია ეგვიპტის ქვეყანას და მოეფინა მის ყოველ კუთხეს. არც მანამდე და არც მას მერე გამოჩენილა ამდენი კალია" (10:13-14).

ის მშობლები, რომლებსაც მართლაც უყვართ თავიანთი შვილები, არ იტყვიან უარს იმაზე, რომ შვილებს დისციპლინა ასწავლონ. მშობლების სურვილია, რომ შვილებს წარუძღვნენ იმის კეთებისკენ, რაც სწორია.

როდესაც შვილები მშობლების საყვედურს არ უსმენენ, ისინი ზოგჯერ წკეპლას იყენებენ, რათა შვილებმა შემდეგისთვის დაიმახსოვრონ. მაგრამ მშობლების გულის ტკივილი უფრო დიდია, ვიდრე შვილების ფიზიკური ტკივილი.

სიყვარულის ღმერთი ასევე უგზავნის თავის შვილებს სასჯელებს და პრობლემებს, რათა მათ მოინანიონ და შემობრუნდნენ ცოდვებისგან.

სეტყვის სასჯელი

ღმერთს შეეძლო დიდი სასჯელის თავიდანვე გაგზავნა, რომ ფარაონი დანებებულიყო. მაგრამ ღმერთი მომთმენია; იგი ითმენს დიდი ხნის განმავლობაში. მან გამოამჟღავნა თავისი ძალა და წარუძღვა ფარაონს და მის ხალხს ღმერთის ცოდნისაკენ.

„აი, ახლავე მოვიღერებდი ხელს და მოგსპობდით შავი ჭირით შენ და შენს ხალხს, და წარიხოცებოდით ამ ქვეყნიდან. მაგრამ

მხოლოდ იმისთვის დაგარჩენ, რომ გიჩვენო ჩემი ძალა და ემცნოს ჩემი სახელი მთელს ქვეყანას. აქამდე აზუჩად იგდებ ჩემს ერს და არ უშვებ. აჰა, ჩამოვყრი ხვალ ამ დროს მაგარ სეტყვას, რომლის მსგავსი არ უნახავს ეგვიპტის ქვეყანას მისი დაფუძნებიდან დღემდე“ (გამოსვლა 9:15-18).

სასჯელები უფრო და უფრო გაიზარდა, მაგრამ ფარაონი მაინც ადიდებდა საკუთარ თავს ისრაელიტების წინაშე მათი არ გაშვებით. ახლა ღმერთმა მას მეშვიდე სასჯელი, სეტყვის სასჯელი გაუგზავნა.

ღმერთმა მოსეს საშუალებით ფარაონს შეატყობინა, რომ ისეთი მძიმე სეტყვა წამოვიდოდა, როგორიც ეგვიპტის შექმნის დღიდან მოყოლებული არავის უნახავს. და ღმერთმა მისცა მათ შანსი, რომ ხალხს და ცხოველებს თავი სადმე შეეფარებინათ. მან წინასწარ გააფრთხილა ისინი, რომ თუ კი ადამიანები ან ცხოველები გარეთ დარჩებოდნენ, სეტყვის გამო მოკვდებოდნენ.

ფარაონის ზოგ მსახურს ეშინოდა უფლის სიტყვის და თავიანთი მსახურები და საქონელი სახლებში დამალეს. მაგრამ ბევრს არ ეშინოდა ღმერთის და არ ანაღვლებდათ.

„ხოლო ვინც არად ჩააგდო უფლის სიტყვა, მინდორში დატოვა თავისი ყმები და საქონელი“

(გამოსვლა 9:21).

მეორე დღეს მოსემ თავისი კვერთხი ცისკენ აღმართა და ღმერთმა მეხი და სეტყვა გამოგზავნა. ცეცხლი ჩამოვიდა მიწაზე.

მაგრამ გამოსვლა 9:31-32-ში წერია, „განადგურდა სელი და ქერი, რადგან ქერი ათავთავებული იყო და სელი ყვაოდა. ხორბალი და ასლი არ განადგურებულა, რადგან საგვიანო იყო." ამგვარად, ზარალი ნაწილობრივი იყო.

მთელს ეგვიპტეს დიდი ზიანი მიეყენა ცეცხლოვანი სეტყვის გამო, მაგრამ არაფერი ასეთი არ მომხდარა გოშენის მიწაზე.

სეტყვის სასჯელის სულიერი მნიშვნელობა

ჩვეულებრივ, სეტყვა წინასწარი გაფრთხილების გარეშე მოდის. ეს არა დიდ ადგილას, არამედ ადგილობრივად მცირე ადგილებში მოდის.

ამგვარად, სეტყვის სასჯელი სიმბოლურად გამოხატავს დიდ შემთხვევებს პატარა ადგილებში, მაგრამ არა ყველა ასპექტში.

აქ მოვიდა ცეცხლოვანი სეტყვა, რომელიც ადამიანებსა და ცხოველებს მოკლავდა. ბოსტნებში მოსავალი განადგურდა და საკვები აღარ იყო. ეს არის ადამიანის სიმდიდრის ზარალის შემთხვევა

მოულოდნელი უბედურების გამო.

ადამიანმა შეიძლება დიდი ზარალი ნახოს სამსახურში ან ბიზნესში ცეცხლის გამო. ადამიანის ოჯახის წევრს შეიძლება დაავადება შეეყაროს ან უბედურ შემთხვევაში აღმოჩნდეს და ამ პრობლემის მოგვარება შეიძლება ძალიან ძვირი დაუჯდეს.

მაგალითად, ვთქვათ არსებობს ადამიანი, რომელიც უფლის ერთგული იყო, მაგრამ კონცენტრირების მოხდენა თავის ბიზნესზე იმდენად დაიწყო, რომ კვირის წირვები რამდენჯერმე გამოტოვა. მოგვიანებით კი საერთოდ მიატოვა უფლის დღის წმინდად შენახვა.

ამის გამო, ღმერთი მას ვეღარ დაიცავს და ბიზნესში დიდი პრობლემები გაუჩნდება. იგი ასევე შეიძლება აღმოჩნდეს მოულოდნელი უბედურების წინაშე და ეს ძვირი დაუჯდება. ასეთი შემთხვევა სეტყვის სასჯელივით არის.

ადამიანთა უმრავლესობა თავის სიმდიდრეს საკუთარი სიცოცხლესავით ძვირფასად თვლის. 1 ტიმოთე 6:10-ში ნათქვამია, რომ ფულის სიყვარული ყოველი ბოროტების ფესვია. ეს იმიტომ, რომ ფულის სურვილის შედეგი მკვლელობა, ძარცვა, მოტაცება, ძალადობა და სხვა მრავალი დანაშაულია. ზოგჯერ, ძმებს შორის ურთიერთობა ფუჭდება და მეზობლებს შორის კი კამათი იწყება ფულის გამო. ქვეყნებს შორისაც მთავარი მიზეზი მატერიალური სარგებელია,

რადგან მიწა და სახსრები სურთ.

ზოგ მორწმუნესაც კი არ შეუძლია ფულის ცდუნების დამლევა და ამიტომ არ ინახავენ უფლის დღეს წმინდად. რადგან ისინი არ უმღვებიან შესაფერის ქრისტიანულ ცხოვრებას, უფრო და უფრო შორდებიან ხსნას.

ზუსტად როგორც სეტყვა აფუჭებს საკვებს, სეტყვის სასჯელი სიმბოლურად გამოხატავს დიდ ზარალს ადამიანის სიმდიდრეზე. მაგრამ, რადგან სეტყვა მხოლოდ განსაზღვრულ ადგილებში მოდის, ისინი არ დაკარგავენ მთელ ქონებას.

ამ ფაქტითაც ვგრძნობთ ღმერთის სიყვარულს. თუ კი მთელ ჩვენს ქონებას დავკარგავთ, ჩვენ შეიძლება დავნებდეთ კიდეც და თავი მოვიკლათ. ზუსტად ამიტომ ეხება ღმერთი მხოლოდ ერთ ნაწილს.

მიუხედავად იმისა, რომ მხოლოდ ერთი ნაწილია, მნიშვნელობა საკმარისად ძლიერია, რომ ჩვენ შეიძლება გავაცნობიეროთ რაიმე. განსაკუთრებით, ეგვიპტის სეტყვა არ იყო უბრალო ყინულის ნაწილაკები. ესენი საკმაოდ დიდები იყო და მათი სიჩქარეც ძალიან სწრაფი იყო.

დღესაც კი, ახალი ამბები გადმოსცემენ, რომ გოლფის ბურთის სიდიდის სეტყვამ მრავალი ადამიანის განგაში და მღელვარება გამოიწვია. ეგვიპტის სეტყვა ღმერთისგან მოვიდა და ასევე

ცეცხლით წამოვიდა. ეს ძალიან საზარელი შემთხვევა იყო.

ეს სასჯელი მათ იმიტომ შეხვდათ, რომ ფარაონმა ბოროტება ბოროტებაზე დააგროვა. თუ კი გასასტიკებული და უდრეკი გულები გვაქვს, შეიძლება ჩვენც აღმოვჩნდეთ ასეთი სასჯელის წინაშე.

კალიების სასჯელი

სეტყვის გამო ხეები და ბოსტნეული დაზიანდა და ცხოველები და ადამიანები დაიღუპნენ. ფარაონმა საბოლოოდ აღიარა თავისი შეცდომა.

> *„დაიბარა ფარაონმა მოსე და აარონი და უთხრა: ახლა კი ვხედავ, რომ შემიცოდავს; მართალია უფალი – დავაშავეთ მე და ჩემმა ხალხმა“* (გამოსვლა 9:27).

მან დაუყოვნებლივ მოინანია და მოსეს სეტყვის შეჩერება სთხოვა.

> *„შეევედრეთ უფალს, შეწყდეს ღვთის გრგვინვა და სეტყვა, და გაგიშვებთ; მეტს აღარ დაყოვნდებით“* (გამოსვლა 9:28).

მოსემ იცოდა, რომ ფარაონს მაინც არ შეუცვლია

თავისი გადაწყვეტილება, მაგრამ იმისათვის, რომ მისთვის გაეგებინებინა ცოცხალი ღმერთის შესახებ და რომ მთელი სამყარო ღმერთის ხელშია, მან ხელები ცისკენ აღმართა.

როგორც მოსე ვარაუდობდა, წვიმის და სეტყვის შეწყვეტის შემდეგ, ფარაონმა შეცვალა თავისი გადაწყვეტილება. რადგან იგი ამას გულის სიღრმიდან არ აკეთებდა, მან კიდევ ერთხელ გაისასტიკა გული და ისრაელიტები არ გაუშვა.

ფარაონის მსახურებმაც გაისასტიკეს გულები. შემდეგ მოსემ და აარონმა უთხრეს მათ, რომ კალიების სასჯელი იქნებოდა, როგორც ეს ღმერთმა თქვა და გააფრთხილეს ისინი, რომ ეს ერთ-ერთი ყველაზე დიდი სასჯელი იქნებოდა, რომელიც არასოდეს მომხდარა მთელს სამყაროში.

> *„დაფარავს მიწის პირს და შეუძლებელი გახდება მიწის ხილვა“* (გამოსვლა 10:5).

მხოლოდ ამის შემდეგ შეშინდნენ ფარაონის მსახურები და უთხრეს თავიანთ მეფეს, *„გაუშვი ისრაელიტები, რათა ემსახურონ თავიანთ უფალ ღმერთს. ვერ ხედავთ, რომ ეგვიპტე განადგურდა?“* (გამოსვლა 10:7).

ამის შემდეგ ფარაონმა მოსე და აარონი ხელახლა იხმო. მაგრამ მოსემ თქვა, რომ ბავშვებითა და მოხუცებითურთ წავიდოდნენ; ქალ-ვაჟებითა და

ცხვარ-ძროხითურთ, რადგან საუფლო დღესასწაული ჰქონდათ. ფარაონმა თქვა, რომ მოსე და აარონი ბოროტები იყვნენ და უბრალოდ გააგდო ისინი.

საბოლოოდ ღმერთმა მას მერვე სასჯელი, კალიების სასჯელი გაუგზავნა.

> *„უთხრა უფალმა მოსეს: მოუღერე ხელი ეგვიპტის ქვეყანას კალიის გამოსახმობად და შეესიოს კალია ეგვიპტის ქვეყანას; გადაჭამოს ქვეყნის მთელი ბალახი, რაც სეტყვას გადაურჩა“* (გამოსვლა 10:12).

როდესაც მოსემ ღმერთის ნათქვამი შეასრულა, ღმერთმა ქარი მთელს დღესა და მთელს ღამეს ააქროლა. დადგა დილა და მოასია აღმოსავლეთის ქარმა კალია.

იმდენი კალია გაჩნდა, რომ მთელს ქვეყანაში ჩამობნელდა. მათ შეჭამეს ყოველი ეგვიპტის მცენარე, რომლებიც სეტყვას გადაურჩნენ და ეგვიპტეში სიმწვანე საერთოდ აღარ იყო დარჩენილი.

> *„ცოდვილი ვარ უფლის, თქვენი ღვთისა და თქვენს წინაშე. ერთხელ კიდევ მომიტევეთ ცოდვა, შეევედრეთ თქვენს უფალ ღმერთს, ოღონდაც ამარიდოს ეს სიკვდილი“* (გამოსვლა 10:16-17).

როდესაც ფარაონმა პრობლემა გააცნობიერა, მან მოსეს და აარონს დაუძახა, რომ სასჯელი შეეჩერებინათ.

როდესაც მოსემ ღმერთთან ილოცა, ძლიერმა დასავლეთის ქარმა დაუბერა და კალიები წითელ ზღვაში ჩაცვივდნენ. და ეგვიპტეში აღარ იყვნენ კალიები. მაგრამ ამჯერადაც ფარაონმა გაისასტიკა გული და არ გაუშვა ისრაელიტები.

კალიების სასჯელის სულიერი მნიშვნელობა

ერთი კალია მცირე მწერია, მაგრამ მათი დიდი გუნდი, დამანგრეველია. სულ მცირე ხანში, ეგვიპტე თითქმის განადგურდა კალიების მიერ.

„შეესია უთვალავი კალია ეგვიპტის ქვეყანას და მოეფინა მის ყოველ კუთხეს. არც მანამდე და არც მას მერე გამოჩენილა ამდენი კალია. დაფარა მთელი მიწის პირი და გადაშავდა მიწა; გადაჭამა ქვეყნის მთელი ბალახი და ხის ყველა ნაყოფი, რაც სეტყვას გადაურჩა. არ შერჩენია სიმწვანე არც ხეს, არც მინდვრის ბალახს მთელს ეგვიპტის ქვეყანაში" (გამოსვლა 10:14-15).

დღესაც კი, ჩვენ ასეთი მწერების თავის მოყრას აფრიკასა და ინდოეთშიც ვხედავთ. კალიები

დაახლოებით სიგანეში 40 კილომეტრზე და სიღრმეში 8 კილომეტრზე გავრცელდნენ. ასობით მილიონი კალია ღრუბელივით მოდის და მოსავალს ანადგურებს.

სეტყვის სასჯელის შემდეგ, ჯერ კიდევ იყო ცოტაოდენი რამ დარჩენილი. ხორბალი და ასლი არ განადგურებულა, რადგან საგვიანო იყო. ასევე, ფარაონის ზოგ მსახურს ეშინოდა ღმერთის სიტყვის და თავიანთი მსახურები და საქონელი სახლებში დამალეს და ამიტომ არ განადგურდნენ.

ისინი შეიძლება არ გამოიყურებოდნენ როგორც ზევრნი, მაგრამ ზარალი უფრო დიდი იყო ვიდრე სეტყვის სასჯელისა.

ამგვარად, კალიების სასჯელი გულისხმობს ისეთ უბედურებებს, რომლებიც არაფერს არ ტოვებენ განადგურების გარეშე. ეს არა მარტო ოჯახს ანადგურებს, არამედ სამსახურსა და ბიზნესსაც.

სეტყვის სასჯელისგან განსხვავებით, რომელსაც ნაწილობრივი ზარალი მოაქვს, კალიების სასჯელი ანადგურებს ყველაფერს და მიაქვს მთელი ფული. სხვა სიტყვებით რომ ვთქვათ, ადამიანი ფინანსურად განადგურდება.

მაგალითად, გაკოტრების გამო, ადამიანი კარგავს მთელს ქონებას და ოჯახის წევრებთან დაშორება უწევს. იგი შეიძლება ხანგრძლივი ტანჯვისგან დაიტანჯოს და მთელი ქონება დაკარგოს. ასევე

შეიძლება იყოს ადამიანი, რომელსაც დიდი ვალები აქვს, რადგან შვილებმა შეცდომები დაუშვეს.

როდესაც განუწყვეტლივი უბედურებების წინაშე არიან, ზოგი ადამიანი ფიქრობს, რომ ეს შეიძლება უბრალო დამთხვევა იყოს, მაგრამ ღმერთის თვალში არ არსებობს უბრალო დამთხვევა. როდესაც ადამიანი ზარალის წინაშეა ან ავადმყოფობა შეეყარა, ამის მიზეზი აუცილებლად უნდა არსებობდეს.

რას ნიშნავს, თუ კი მორწმუნეები აღმოჩნდებიან ასეთ უბედურებებში? როდესაც ღმერთის სიტყვა ესმით და ღმერთის ნებას სწავლობენ, მათ უნდა დაიცვან ეს სიტყვა. მაგრამ თუ კი გააგრძელებენ ურწმუნოებივით ბოროტების ჩადენას, ისინი თავს ვერ აარიდებენ ამ სასჯელებს.

თუ არ გააცნობიერებენ, როდესაც ღმერთი მათ სასწაულებსა და ნიშნებს აჩვენებს, იგი მათ მიატოვებს. შემდეგ კი შეიძლება ისეთი დაავადებები განვითარდეს, როგორებიც შავი ჭირი და მუწუკებია. მოგვიანებით, ისინი სეტყვის და კალიების მსგავსი სასჯელების წინაშე აღმოჩნდებიან.

მაგრამ გონიერები გაიგებენ, რომ ღმერთის სიყვარულია, რომელიც მათ საშუალებას აძლევს გააცნობიერონ საკუთარი შეცდომები მცირე უბედურებების დროს. ისინი დაუყოვნებლივ მოინანიებენ და თავს აარიდებენ უფრო დიდ სასჯელებს.

არსებობს ნამდვილი ამბავი. ადამიანი დიდი სირთულისგან იტანჯებოდა, რადგან ერთხელ ღმერთის განრისხება გამოიწვია. ერთ დღეს, ცეცხლის გამო, იგი დიდ ვალებში ჩავარდა. მისმა ცოლმა ვეღარ გაუძლო მოვალეების მიერ შევიწროებას და თავის მოკვლა სცადა. თუმცა, დროთა განმავლობაში მათ შეიტყვეს ღმერთის შესახებ და ეკლესიაში სიარული დაიწყეს.

ჩემთან კონსულტაციის შემდეგ, ისინი ლოცვებით დაემორჩილეს ღმერთის სიტყვას. ღმერთს ემსახურებოდნენ მოხალისეების სამუშაოებით ეკლესიაში. შემდეგ მათი პრობლემები სათითაოდ მოგვარდა. გარდა ამისა, ყოველი ვალი გადაიხადეს. მათ კომერციული შენობის აშენება და სახლის ყიდვაც კი შეძლეს.

თუმცა, პრობლემების მოგვარების და კურთხევების მიღების შემდეგ, მათი გულები შეიცვალა. შემდეგ მიატოვეს ღმერთის მწყალობლობა და დაუბრუნდნენ ურწმუნოებას.

ერთ დღეს, მათი შენობის ნაწილი დაიტბორა და ჩამოინგრა. ასევე ხელახლა გაჩნდა ცეცხლი და ფინანსურად ყველაფერი დაკარგეს. დიდი ვალების ხელახლა დაგროვების გამო, მათ ქალაქგარე სოფელში დაბრუნება მოუწიათ. მაგრამ ქმარს დიაბეტიც ჰქონდა და მისი გართულებები.

როგორც ამ შემთხვევაში, ჩვენი ცოდნისა და სიბრძნის ყოველი მეთოდის გამოყენების შემდეგაც კი თუ აღარაფერი დაგვრჩა, ღმერთის წინაშე უნდა წარვდგეთ თავმდაბალი გულებით. როდესაც საკუთარ თავს ღმერთის სიტყვაზე ავსახავთ, მოვინანიებთ ცოდვებს და შემოვბრუნდებით, ყველაფერს უკან დავიბრუნებთ.

თუ კი გვაქვს რწმენა, რომ ღმერთის წინაშე წარვდგეთ და ყველაფერი მას მივანდოთ, სიყვარულის ღმერთი შეგვინდობს. თუ შემოვბრუნდებით და ნათელში ვიცხოვრებთ, ღმერთი წარმატებისკენ წარგვიძღვება კიდევ ერთხელ და დიდ კურთხევებს გამოგვიგზავნის.

თავი 6

წყვდიადის სასჯელი და პირმშოს სიკვდილის სასჯელი

გამოსვლა 10:22-12:36

„ცისკენ შემართა ხელი მოსემ და ჩამოწვა უკუნი წყვდიადი მთელს ეგვიპტის ქვეყანაში, და იდგა სამ დღეს. ერთმანეთს ვერ ხედავდნენ, სამ დღეს არავინ დაძრულა ადგილიდან; ხოლო ისრაელიანებს სინათლე ჰქონდათ თავიანთ სამყოფელში“ (10:22-23).

„შუაღამისას მოაკვდინა უფალმა ყოველი პირმშო ეგვიპტის ქვეყანაში, ტახტზე მჯდომარე ფარაონის პირმშოდან დილეგში მჯდარი პატიმრის პირმშომდე და პირუტყვის ყოველი პირველმოგებული. ფეხზე დადგნენ იმ ღამით ფარაონი, მისი მორჩილები და მთელი ეგვიპტე; შეიქნა დიდი გლოვა ეგვიპტეში, რადგან არ იყო სახლი, სადაც მკვდარი არ ჰყოლოდათ“ (12:29-30).

ბიბლიაში ჩვენ ვხედავთ, რომ მრავალი ადამიანი, როდესაც სირთულეებში აღმოჩნდებიან, ღმერთის წინაშე ინანიებენ და მისგან დახმარებას იღებენ.

ღმერთმა თავისი წინასწარმეტყველი იუდას მეფესთან, ეზეკიასთან გაგზავნა და უთხრა, „მოკვდები, ვერ გადარჩები." მაგრამ მეფემ დარწმუნებით ილოცა ცრემლებით და გადარჩა.

ნინევია ასურეთის დედაქალაქი იყო, რომელსაც ისრაელის მიმართ მტრული განწყობა ჰქონდა. როდესაც იქ ხალხმა გაიგო ღმერთის სიტყვა მისი წინასწარმეტყველის მეშვეობით, მათ საფუძვლიანად მოინანიეს თავიანთი ცოდვები და არ განადგურდნენ.

მსგავსად, ღმერთი თავის მოწყალებას იმ ადამიანებს აძლევს, რომლებიც უკან ბრუნდებიან. იგი ეძებს იმათ, რომლებიც მის წყალობას ეძებენ და შემდეგ აჯილდოვებს მათ მოწყალებით.

ფარაონი მრავალი სასჯელისგან დაიტანჯა თავისი ბოროტების გამო, მაგრამ იგი ბოლომდე არ შემობრუნდა. რაც უფრო ისასტიკებდა გულს, უფრო დიდი სასჯელების წინაშე ხვდებოდა.

წყვდიადის სასჯელი

ზოგი ადამიანი ამბობს, რომ დაკარგვის შემდეგ არასოდეს იცოცხლებდნენ. მათ საკუთარი სიძლიერის

სწამთ. ფარაონიც ასეთი ადამიანი იყო. იგი საკუთარ თავს ღმერთად თვლიდა და ამიტომ არ სურდა ღმერთის აღიარება.

მთელი ეგვიპტის განადგურების შემდეგაც კი არ გაუშვა ისრაელიტები. იგი ისე იქცეოდა თითქოს ღმერთს ეჯიბრებოდაო. შემდეგ ღმერთმა წყვდიადის სასჯელი მოახდინა.

> *„ცისკენ შემართა ხელი მოსემ და ჩამოწვა უკუნი წყვდიადი მთელს ეგვიპტის ქვეყანაში, და იდგა სამ დღეს. ერთმანეთს ვერ ხედავდნენ, სამ დღეს არავინ დაძრულა ადგილიდან; ხოლო ისრაელიანებს სინათლე ჰქონდათ თავიანთ სამყოფელში“* (გამოსვლა 10:22-23).

წყვდიადი იმდენად მჭიდრო იყო, რომ ხალხი ერთმანეთს ვერ ხედავდა. სამი დღის განმავლობაში არავინ იცვლიდა ადგილს. როგორ შეგვიძლია გამოვხატოთ ის შიში და დისკომფორტი, რომელიც მათ სამი დღის განმავლობაში განიცადეს?

წყვდიადმა მოიცვა მთელი ეგვიპტე და ხალხს სიბნელეში უწევდა სიარული, მაგრამ გოშენის მიწაზე სინათლე იყო.

ფარაონმა დაუძახა მოსეს და უთხრა, რომ ისრაელიტებს გაუშვებდა. მაგრამ მან მოსეს ნახირის და ფარას დატოვება უბრძანა და მხოლოდ ვაჟების და ქალიშვილების გაშვება უნდოდა. სინამდვილეში მისი

განზრახვა ისრაელიტების დაკავება იყო.

მაგრამ მოსემ თქვა, რომ მათ ცხოველები ღმერთისთვის შესაწირად სჭირდებოდათ და ვერცერთს ვერ დატოვებდნენ, რადგან არ იცოდნენ, თუ რომელს შესწირავდნენ.

ფარაონი კიდევ ერთხელ განრისხდა და დაემუქრა კიდეც მოსეს, „თვალით აღარ დამენახო, თორემ იმ დღესვე მოკვდები, რა დღესაც დამენახვები."

მოსემ გაბედულად უპასუხა, „სწორს ამბობ: მეტს აღარ დაგენახვები," და წავიდა.

წყვდიადის სასჯელის სულიერი მნიშვნელობა

წყვდიადის სასჯელის სულიერი მნიშვნელობა სულიერი წყვდიადია, და ეს გულისხმობს ზუსტად სიკვდილამდე სასჯელს.

ეს არის შემთხვევა, როდესაც ავადმყოფობა იმდენად სერიოზულდება, რომ ადამიანი ვეღარ ახერხებს გამოჯანმრთელებას. ეს არის სასჯელი, რომელიც იმ ადამიანებს ხვდებათ, რომლებიც მთელი თავიანთი ქონების დაკარგვის შემდეგაც კი არ ინანიებენ ცოდვებს.

სიკვდილის პირას ყოფნა არის სრულ სიბნელეში კლდის კიდეზე დგომასავით და როდესაც სხვა გზა არ გაქვს. სულიერად, რადგან ადამიანმა ღმერთი და

თავისი რწმენა მიატოვა, ღმერთის წყალობა აღარ აქვს მას და მისი სულიერი ცხოვრება მთავრდება. მაგრამ, ღმერთს მის მიმართ თანაგრძნობა მაინც გააჩნია და არ ართმევს სიცოცხლეს.

ურწმუნო ადამიანის შემთხვევაში, ადამიანი შეიძლება ასეთ სიტუაციაში იმიტომ აღმოჩნდეს, რომ მას მრავალი უბედურებისგან ტანჯვის შემდეგაც კი არ მიუღია ღმერთი. მორწმუნეების შემთხვევაში კი ეს იმიტომ ხდება, რომ მათ არ დაიცვეს ღმერთის სიტყვა და ბოროტება დააგროვეს.

ჩვენ ხშირად ვხედავთ, რომ მრავალი ადამიანი საკუთარ ქონებას თავიანთი ავადმყოფობების განკურნებას ახარჯავენ, მაგრამ მაინც სიკვდილს ელიან. ესენი არიან ის ადამიანები, რომლებიც წყვდიადის სასჯელით განიგმირნენ.

ისინი ასევე იტანჯებიან ისეთი ნერვული პრობლემებისგან, როგორიც დეპრესია, უძილობა და ნერვული შეშლილობაა. ისინი თავს უმწეოდ გრძნობენ და უჭირთ ყოველდღიური ცხოვრების გაგრძელება.

თუ კი გააცნობიერებენ, მოინანიებენ და შემობრუნდებიან ბოროტებისგან, ღმერთი შეიწყალებს მათ და წაიღებს მათ გაუსაძლის ტანჯვას.

მაგრამ ფარაონის შემთხვევაში, მან გული კიდევ უფრო გაისასტიკა და ბოლომდე ღმერთის წინააღმდეგი იყო. იგივეა დღესაც. ზოგი ჯიუტი

ადამიანი არ დგება ღმერთის წინაშე, მაშინაც კი როდესაც გაუსაძლის სიტუაციაშია. როდესაც თვითონ ან ოჯახის წევრები ავად ხდებიან, როდესაც კარგავენ მთელს ქონებას და მათი სიცოცხლე საფრთხეშია, მათ არ სურთ ღმერთის წინაშე მონანიება.

თუ კი განვაგრძობთ ღმერთის წინააღმდეგ დგომას უბედურებების დროსაც კი, საბოლოოდ, სიკვდილის სასჯელის წინაშე აღმოვჩნდებით.

პირმშოს სიკვდილის სასჯელი

ღმერთმა შეატყობინა მოსეს, თუ რა მოხდებოდა შემდეგში.

> *„კიდევ ერთ სასჯელს მოვუვლენ ფარაონს და ეგვიპტეს და მერე გაგიშვებთ აქედან ფარაონი. არათუ გაგიშვებთ, საბოლოოდ გაგყრით აქედან. დაარიგე ხალხი, რომ ინათხოვროს ყოველმა კაცმა თავისი მეზობელი კაცისგან და ყოველმა ქალმა თავისი მეზობელი ქალისგან ვერცხლისა და ოქროს ჭურჭელი და სამოსელი“* (გამოსვლა 11:1-2).

მოსე ისეთ სიტუაციაში იყო, სადაც შეიძლება მომკვდარიყო, თუ კი ხელახლა წარსდგებოდა ფარაონის წინაშე, მაგრამ იგი მივიდა ფარაონთან და ღმერთის სიტყვა გადასცა.

„მოკვდება ყოველი პირმშო ეგვიპტის ქვეყნად ტახტზე მჯდომარე ფარაონის პირმშოდან პირმშომდე მხევლისა, ხელსაფქვავებს რომ უზის; მოკვდება ყოველი პირუტყვის პირველმოგებული. ატყდება დიდი გლოვა მთელს ეგვიპტეში, რომლის მსგავსი არ ყოფილა და არც იქნება“ (გამოსვლა 11:5-6).

ამის შემდეგ, როგორც ნათქვამი იყო, ღამით ფარაონის, მისი მსახურების და ყველა ადამიანის პირმშო მოკვდა და მათი საქონელიც დაიღუპა.

ეგვიპტეში დიდი ტირილი იყო, რადგან არ არსებობდა სახლი, სადაც პირმშო არ მომკვდარიყო. რადგან ფარაონი გულს ბოლომდე ისასტიკებდა, მათ სიკვდილის სასჯელი შეხვდათ.

პირმშოს სიკვდილის სასჯელის სულიერი მნიშვნელობა

პირმშოს სიკვდილის სასჯელი გულისხმობს სიტუაციას, სადაც ადამიანი თვითონ ან მისი ყველაზე საყვარელი ადამიანი, შესაძლოა მისი შვილი, ან ერთ-ერთი ოჯახის წევრი კვდება ან სრული განადგურების გზას ადგას და ვერ შემლებს ხსნის მიღებას.

ჩვენ ასეთ შემთხვევას ბიბლიაში ვხვდებით.

ისრაელის პირველი მეფე, საული არ დაემორჩილა ღმერთის სიტყვას, რომელიც ეუბნებოდა, რომ ამალეკში ყველაფერი უნდა გაენადგურებინა. ასევე, მან თავისი ამპარტავნობა გამოამჟღავნა, როდესაც თვითონ შესწირა ღმერთს შესაწირი, რისი გაკეთებაც მხოლოდ მღვდლებს შეეძლოთ. საბოლოოდ, ღმერთმა იგი მიატოვა.

ასეთ სიტუაციაში, იმის მაგივრად, რომ გაეცნობიერებინა თავისი ცოდვები და მოენანიებინა, მან თავისი ერთგული მსახურის, დავითის მოკვლა სცადა. როდესაც ხალხი დავითს გაჰყვა, უფრო და უფრო ღრმა ბოროტ ფიქრში ჩავარდა, რომ დავითი მას ეწინააღმდეგებოდა.

ამგვარად, მაშინაც კი, როდესაც დავითი მისთვის არფაზე უკრავდა, საულმა მას მოსაკლავად შუბი ესროლა. ასევე მან დავითი გაგზავნა ისეთ ბრძოლაში, რომლის მოგებაც შეუძლებელი იყო. თავისი ჯარისკაცებიც გაგზავნა დავითის სახლში მის მოსაკლავად.

გარდა ამისა, მხოლოდ იმიტომ რომ დავითს ეხმარებოდნენ, მან ღმერთის მღვდლები მოკლა. მან მრავალი ბოროტული ქმედება დააგროვა. საბოლოოდ იგი დამარცხდა ბრძოლაში და უბედური სიკვდილით გარდაიცვალა. მან საკუთარი ხელით მოიკლა თავი.

და რაც შეეხება მღვდელი ელის და მისი ვაჟების შესახებ. ელი მღვდელი იყო ისრაელში

მოსამართლეების დროს და კარგი მაგალითის ჩვენება სურდა. მაგრამ მისი ვაჟები, ხოფნი და ფინხასი უსარგებლო ადამიანები იყვნენ, რომლებმაც არ იცოდნენ ღმერთი (1 სამუელი 2:12).

რადგან მათი მამა მღვდელი იყო, მათაც უწევდათ ღმერთისთვის მსახურება, მაგრამ ამის გაკეთება სძულდათ. ისინი ღმერთის შესაწირ ხორცს ეხებოდნენ და იმ ქალებთანაც იწვნენ ხოლმე, რომლებიც სადღესასწაულო კარავის კართან მსახურობდნენ.

თუ კი შვილები არასწორ გზას ადგანან, მშობლებმა ისინი უნდა დაარწმუნონ და თუ კი არ მოუსმენენ, მათ უფრო მკაცრი მეთოდი უნდა გამოიყენონ შვილების შესაჩერებლად. ეს არის მშობლების მოვალეობა და ჭეშმარიტი სიყვარული. მაგრამ ელიმ მხოლოდ უთხრა მათ, „რატომ აკეთებთ ასეთ რაღაცეებს? არა."

მისი ვაჟები არ შემობრუნდნენ ცოდვებისგან და წყევლა დაატყდა თავს მთელს ოჯახს. მისი ვაჟები ბრძოლაში დაიღუპნენ.

ამის გაგებისას, ელი ჩამოვარდა სკამიდან და მოკვდა. ასევე მისმა რძალმა შოკი მიიღო და ისიც გარდაიცვალა.

მხოლოდ ამ შემთხვევების შემხედვარემ, ჩვენ უნდა გავიგოთ, რომ წყევლები ან ტრაგიკული სიკვდილები უბრალოდ მიზეზის გარეშე არ ხდება.

როდესაც ადამიანი ღმერთის სიტყვას არ ემორჩილება და ისე ცხოვრობს, იგი მისი ოჯახის

წევრის სიკვდილის წინაშე დგება. ზოგი ადამიანი ბრუნდება ღმერთის წინაშე მხოლოდ ასეთი გარდაცვალებების ნახვის შემდეგ.

თუ კი პირმშოს სიკვდილის სასჯელის შემდეგაც კი არ შემობრუნდებიან, ისინი სამუდამოდ ვერ მიიღებენ ხსნას და ეს არის ყველაზე დიდი სასჯელი. ამგვარად, სანამ სასჯელები მოვიდოდეს, და თუ სასჯელები უკვე მოვიდა, თქვენ უნდა მოინანიოთ თქვენი ცოდვები, სანამ ეს გვიანი არ არის.

ფარაონის შემთხვევაში, ყოველი ათი სასჯელისგან ტანჯვის შემდეგ აღიარა მან ღმერთი და გაუშვა ისრაელიტები.

> *„იხმო ფარაონმა მოსე და აარონი ღამითვე და უთხრა: ადექით და გაეცალეთ ჩემს ხალხს შენც და ისრაელიანებიც. წადით, ემსახურეთ უფალს, როგორც ამბობდით. თქვენი ცხვარ-ძროხაც წაიყვანეთ, როგორც ამბობდით, წადით და მეც დამლოცეთ“* (გამოსვლა 12:31-32).

ათი სასჯელით ფარაონმა ნათლად გამოამჟღავნა თავისი გასასტიკებული გული და იძულებული გახდა ისრაელიტები გაეშვა. მაგრამ მალევე ინანა ეს გადაწყვეტილება. მან კიდევ ერთხელ გადაიფიქრა და მთელი ეგვიპტის ჯარითა და ეტლებით დაედევნა ისრაელიტებს.

„შეკაზმა ფარაონმა თავისი ეტლი და იახლა თავისი ხალხი. წაიყვანა ექვსასი რჩეული ეტლი, ეგვიპტის ყველა ეტლი და მათი მეთაურები. გაუსასტიკა უფალმა გული ფარაონს, ეგვიპტის მეფეს, და დაედევნა იგი ისრაელიანებს. ხოლო ისრაელიანები მაღალი ხელის შემწეობით გადიოდნენ“ (გამოსვლა 14:6-8).

ამის დანახვით ჩვენ ვაცნობიერებთ, თუ როგორი გასასტიკებული და ცბიერი შეიძლება იყოს ადამიანის გული. საბოლოოდ, ღმერთმა არ აპატია მას და სხვა გზა არ ჰქონდა და დაუშვა მათი სიკვდილი წითელ ზღვაში.

„უთხრა უფალმა მოსეს: დააღირე ზღვას ხელი და მიიქცევა წყალი ეგვიპტელებისკენ, მათი ეტლებისა და მხედრობისკენ. დააღირა ხელი ზღვას მოსემ და განთიადამდე მიიქცა ზღვა თავის ადგილას. უკან მიბრუნებული ეგვიპტელები მიაწყდნენ ზღვას და ჩაყარა ისინი უფალმა შუაგულ ზღვაში. მიიქცა წყალი და დაფარა ეტლები, მხედრები დ ფარაონის მთელი ლაშქარი, ზღვაში რომ შეჰყვნენ მათ; ერთიც არ გადარჩენილა“ (გამოსვლა 14:26-28).

დღესაც კი, ბოროტი ადამიანები იმათხოვრებენ კიდევ ერთ შანსს, როდესაც რთულ სიტუაციაში არიან.

მაგრამ როდესაც ამ შანსს მიიღებენ, ისინი ბოროტებას უბრუნდებიან. და თუ ეს ასე გაგრძელდება, ისინი სიკვდილის წინაშე აღმოჩნდებიან.

დაუმორჩილებლობით და მორჩილებით ცხოვრება

არსებობს მნიშვნელოვანი რამ, რაც სწორად უნდა გავიგოთ; როდესაც რაიმე ცუდი გავაკეთეთ და შემდეგ ეს გავაცნობიერეთ, ჩვენ ამას კიდევ უფრო მეტი ბოროტება არ უნდა დავუმატოთ და სამართლიანობის გზას უნდა დავადგეთ.

1 პეტრე 5:8-9 ამბობს, *„იფხიზლეთ და ფრთხილად იყავით, რადგანაც თქვენი მტერი ეშმაკი დაძრწის, როგორც მბრდღვინავი ლომი, და მსხვერპლს დაეძებს. წინ აღუდექით მას მტკიცე რწმენით; გახსოვდეთ, რომ იგივე ვნებები ემუქრება თქვენს საძმოს ამ წუთისოფლად.“*

1 იოანე 5:18 ასევე ამბობს, *„ვიცით, რომ ღვთის მიერ შობილთაგან არავინ სცოდავს, რადგანაც ღვთის მხოლოდშობილი ძე იცავს და ბოროტი ვერ ეხება მას.“*

ამგვარად, თუ კი არ ჩავიდენთ ცოდვებს და ღმერთის სიტყვის თანახმად ვიცხოვრებთ, იგი დაგვიცავს, რათა არაფერი სანერვიულო არ გვქონდეს.

ჩვენს გარშემო ვხედავთ ადამიანებს, რომლებსაც

მრავალი უბედურება ხვდებათ, მაგრამ ვერც კი იგებენ, თუ რატომ არიან ამ სირთულეებში. ასევე, ჩვენ ვხედავთ, თუ როგორ იტანჯება ზოგი მორწმუნე მრავალი გაჭირვებისგან.

ზოგი სისხლის ან მუმლების სასჯელის წინაშეა და ზოგი კი სეტყვის ან კალიების.

ამიტომ, ჩვენ ფარაონის მსგავსად არ უნდა ვიცხოვროთ დაუმორჩილებლობით, რათა არ აღმოვჩნდეთ სასჯელების წინაშე.

მაშინაც კი, როდესაც ისეთ სიტუაციაში ვართ, სადაც თავს ვერ ავარიდებთ პირმშოს სიკვდილის სასჯელს ან წყვდიადის სასჯელს, ჩვენ მიგვეტევება, თუ კი დაუყოვნებლივ მოვინანიებთ და შემოვბრუნდებით ცოდვებისგან. ზუსტად როგორც ეგვიპტის ჯარი, რომელიც წითელ ზღვაში დაიმარხა, თუ კი დავყოვნდებით და არ შემოვბრუნდებით, მოვა დრო, როდესაც გვიანი იქნება.

მორჩილებით
ცხოვრებაზე

„თუ გაიგონებ უფლის, შენი ღმერთის სიტყვას, დაიცავ და შეასრულებ ყველა ანდერძს, რომელსაც დღეს გიცხადებ, ქვეყნიერების ყველა ხალხზე მაღლა დაგსვამს უფალი, შენი ღმერთი. გადმოვა შენზე ყველა ეს კურთხევა და გეწევა, როცა გაიგონებ უფლის, შენი ღმერთის სიტყვას. კურთხეულიმც ხარ ქალაქად და კურთხეულიმც ხარ ველად! კურთხეულიმც არის შენი მუცლის ნაყოფი, შენი მიწის ნაყოფი და შენი საქონლის ნაყოფი, შენი ნახირის მონაშენი და ფარის ნამატი! კურთხეულიმც არის შენი კალათი და შენი ვარცლი! კურთხეულიმც ხარ შესვლისას და კურთხეულიმც ხარ გასვლისას!" (რჯული 28:1-6).

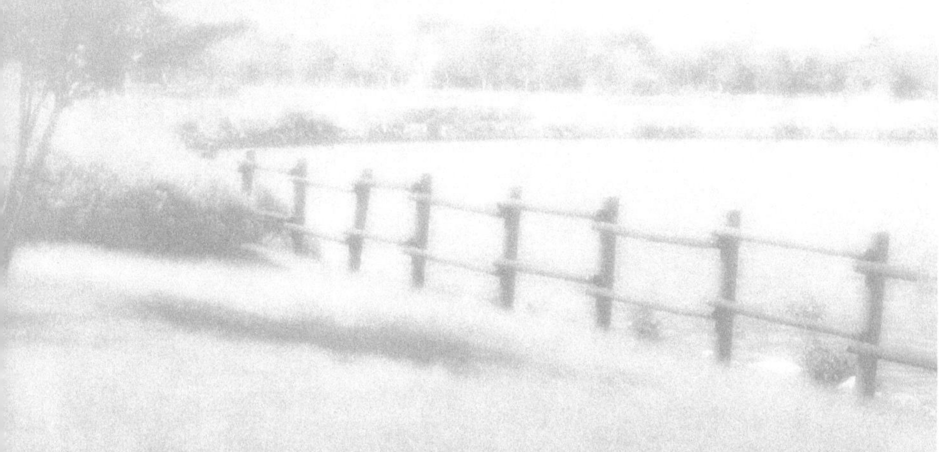

თავი 7

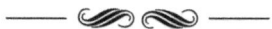

პასექი და ხსნის გზა

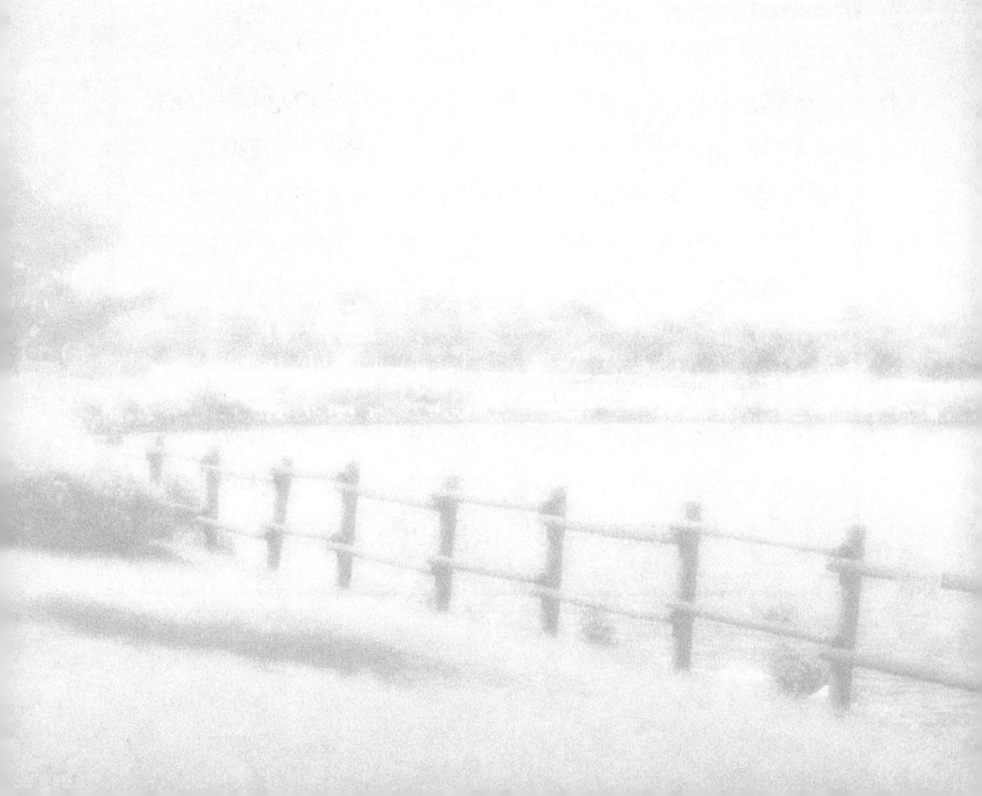

გამოსვლა 12:1-28

„უთხრა უფალმა მოსეს და აარონს ეგვიპტის ქვეყანაში: თვეთა დასაბამი იყოს თქვენთვის ეს თვე, პირველი თვე იყოს იგი თქვენთვის წელიწადის თვეებში. ასე უთხარით ისრაელის მთელს საზოგადოებას: ამ თვის მეათე დღეს მამისსახლზე თითოეულმა თითო კრავი ან თიკანი დაიგულოს. ერთი კრავი ან თიკანი სახლზე" (1-3). „ამ თვის მეთოთხმეტე დღემდე შეინახონ; მერე დაკლას ისრაელის მთელმა საზოგადოებამ საღამოხანს. აიღონ მისი სისხლი და სცხონ იმ სახლის ორთავე წირთხლსა და კარისთავს, სადაც შეუდგებიან ჭამას. იმავე ღამეს შეჭამონ ცეცხლზე შემწვარი ხორცი და ხმიადი; მწარე ბალახი შეატანონ. ნუ შეჭამთ ნახევრადშემწვარს ან წყალში მოხარშულს; მხოლოდ ცეცხლზე შემწვარი ჭამეთ თავფეხიანად და შიგნეულიანად. დილისთვის ნუ მოირჩენთ; რაც მოგრჩებათ, ცეცხლში დაწვით. ამგვარად ჭამეთ: წელზე სარტყელი გერტყათ, ფეხზე გიცვათ, ჯოხი გეჭიროთ ხელში. აჩქარებით ჭამეთ. საუფლო პასექია ეს" (6-11).

აქამდე ჩვენ ვხედავდით, რომ ფარაონი და მისი მსახურები განაგრძობდნენ ღმერთის სიტყვაზე დაუმორჩილებლობით ცხოვრებას.

შედეგად კი ეგვიპტეზე მცირე სასჯელები ხორციელდებოდა. მაგრამ რადგან განაგრძეს დაუმორჩილებლობა, მრავალი დაავადება შეეყარათ, მათი ქონება გაქრა და საბოლოოდ სიცოცხლე დაკარგეს.

მათგან განსხვავებით, მიუხედავად იმისა, რომ ისინიც ეგვიპტის ქვეყანაში ცხოვრობდნენ, ისრაელის ხალხს არ შეხებია არცერთი სასჯელი.

როდესაც ღმერთმა ეგვიპტეს ბოლო სასჯელი გაუგზავნა, ისრაელიტებს ეს არ შეხებიათ. ეს იმიტომ, რომ ღმერთმა ისრაელის ხალხს ხსნის გზა აჩვენა.

ეს მარტო იმ დროის ისრაელის ხალხს არ ეხება, არამედ დღესაც იგივეა ეს.

პირმშოს სიკვდილის სასჯელის თავიდან აცილების გზა

პირმშოს სიკვდილის სასჯელამდე, ღმერთმა ისრაელიტებს სასჯელისგან თავის აცილების გზა აჩვენა.

„ასე უთხარით ისრაელის მთელს საზოგადოებას: ამ თვის მეათე დღეს მამისსახლზე თითოეულმა თითო კრავი ან თიკანი დაიგულოს.

ერთი კრავი ან თიკანი სახლზე" (გამოსვლა 12:3).

მიუხედავად იმისა, რომ ისრაელის ხალხი თვითონ არაფერს აკეთებდა, ღმერთი მათ თავისი სიძლიერით იცავდა. მაგრამ ზუსტად ბოლო სასჯელამდე, ღმერთს ისრაელის ხალხისგან მორჩილების ქმედება სურდა.

მათ კრავი უნდა დაეკლათ და მისი სისხლი სახლის კარების ჩარჩოებსა და ზღურბლზე წაესვათ და ცეცხლზე შემწვარი კრავი კი უნდა ეჭამათ. ეს იყო ნიშანი, რომ განესხვავებინა ღმერთის ხალხი, როდესაც ღმერთი ყოველი ადამიანის პირმშოს და საქონელს მოკლავდა ეგვიპტეში.

რადგან ბოლო სასჯელი გადასცდა სახლებს, რომლებსაც კარების ზღურბლზე სისხლი ესვათ, ებრაელები ისევ აღნიშნავენ ამ დღეს როგორც პასექი, დღე როდესაც გადარჩნენ.

დღეს, პასექი ებრაელების ყველაზე დიდი დღესასწაულია. ისინი ჭამენ კრავს, უფუარ პურს და მწარე ბალახებს ამ დღის აღსანიშნავად. ეს უფრო დეტალურად მერვე თავში იქნება განმარტული.

მიიღეთ კრავი

ღმერთმა უთხრა მათ რომ კრავი მიეღოთ, რადგან კრავი სულიერად გულისხმობს იესო ქრისტეს.

ზოგადად, იმ ადამიანებს, რომლებსაც ღმერთი

სწამთ, ეწოდებათ მისი „ცხვრები.“ მრავალ ადამიანს ჰგონია, რომ „კრავი“ არის „ახალი მორწმუნე,“ მაგრამ ბიბლიაში ჩვენ ვხედავთ, რომ „კრავი“ იესო ქრისტეს გულისხმობს.

იოანე 1:29-ში, იოანე ნათლისმცემელმა თქვა იესოზე მითითებით, *„აჰა, ტარიგი ღმრთისა, რომელიც იტვირთავს ქვეყნის ცოდვებს.“* 1 პეტრე 1:18-19 ამბობს, *„რაკიღა იცით, რომ ხრწნადი საფასით – ოქრო-ვერცხლით როდი ხართ გამოსყიდულნი მამათა მიერ მოცემული ამაო ცხოვრებისაგან, არამედ უმანკო და უბიწო ტარიგის – ქრისტეს ძვირფასი სისხლით.“*

იესოს ხასიათი და ქმედებები გვახსენებს მშვიდ კრავს. მათე 12:19-20 ამბობს, *„არ იდავებს, არ იყვირებს და ვერც ვერავინ მოისმენს ქუჩებში მის ხმას. მოტეხილ ლერწამს არ გადატეხს და მბჟუტავ პატრუქს არ დაშრეტს, ვიდრე არ მოუპოვებს ძლევას სამართალს.“*

ზუსტად როგორც ცხვრებს, მხოლოდ თავიანთი მწყემსის ხმა ესმით და მიჰყვებიან მას, იესო ღმერთს მხოლოდ „ამინით“ ემორჩილებოდა (აპოკალიფსი 3:14). ჯვარზე სიკვდილამდე მას ღმერთის სიტყვის შესრულება სურდა (ლუკა 22:42).

კრავი გვაძლევს რბილ ბეწვს, უაღრესად ნოყიერ რძეს და ხორცს. მსგავსად, იესო შეწირულ იქნა გამომსყიდველად, რათა შევერიგებინეთ ჩვენ ღმერთთან, როდესაც თავისი სისხლი დაღვარა ჯვარზე.

ამგვარად, ბიბლიის მრავალი ნაწილი იესოს კრავს ადარებს. როდესაც ღმერთმა ისრაელიტებს პასექის წესები ასწავლა, მათ ასევე დეტალურად უთხრა, თუ როგორ უნდა დაეგემოვნებინათ კრავი.

> *„თუ კრავის შესაჭმელად მცირეა სახლი, შეუამხანაგდნენ ერთმანეთს კარის მეზობლები და სულადობის მიხედვით აიყვანონ კრავი. ვარაუდი იქონიეთ, ვის რამდენის შეჭმა შეუძლია. საღი, მამალი, ერთწლიანი უნდა იყოს კრავი ან თიკანი“* (გამოსვლა 12:4-5).

თუ ისინი ძალიან ღარიბები იყვნენ ან ოჯახში არ იყო საკმარისი რაოდენობის წევრი მთელი კრავის შესაჭმელად, მათ შეეძლოთ ერთი კრავის აღება ან ცხვრისგან ან თხისგან და ასევე შეეძლოთ მეზობელ ოჯახებთან განაწილება. ჩვენ ვგრძნობთ ღმერთის სიყვარულს, რომელსაც დიდი თანაგრძნობა გააჩნია.

მიზეზი იმისა, თუ რატომ უთხრა მათ ღმერთმა, რომ ერთწლიანი საღი მამალი უნდა ყოფილიყო, იყო ის, რომ მისი ხორცი ყველაზე გემრიელია, რადგან ჯერ არ შეწყვილებულა. ასევე, როგორც ადამიანების შემთხვევაშია, ეს არის ახალგაზრდობის დრო, როდესაც ადამიანი ყველაზე ლამაზი და სუფთაა.

რადგან ღმერთი ყოველგვარი ნაკლის გარეშეა სრულყოფილი, მან უთხრა მათ, რომ ყველაზე ლამაზი დროის, ერთი წლის კრავი აეღოთ.

წაუსვით სისხლი და დილამდე გარეთ არ გახვიდეთ

ღმერთმა თქვა, რომ სულადობის მიხედვით უნდა აეყვანათ კრავი. გამოსვლა 12:6-ში ჩვენ ვხედავთ, რომ მათ კრავი მაშინათვე არ უნდა მოეკლათ და ოთხი დღე უნდა დაეცადათ და შებინდებისას შეეძლოთ ამის გაკეთება. ღმერთმა მათ მისცა მომზადების დრო, რათა ეს მთელი გულწრფელობით გაეკეთებინათ.

რატომ თქვა ღმერთმა, რომ შებინდებისას უნდა მოეკლათ კრავი?

ადამიანთა გაშენება, რომელიც ადამის დაუმორჩილებლობის შემდეგ დაიწყო, შეიძლება სამ კატეგორიად დავყოთ. ადამიდან აბრაამამდე დაახლოებით 2000 წელია და ამ დროის პერიოდი ადამიანთა გაშენების დაწყების სტადიაა. ერთ დღეს რომ შევადაროთ, ეს დილაა.

ამის შემდეგ, ღმერთმა აბრაამი რწმენის მამად დანიშნა და აბრაამის დროიდან იესოს დედამიწაზე მოსვლამდე, ასევე დაახლოებით 2000 წელია. ეს კი დღის საათებივით არის.

იესოს დედამიწაზე მოსვლიდან დღემდე, დაახლოებით 2000 წელია. ეს არის ადამიანთა გაშენების დასასრული და დღის შებინდება (1 იოანე 2:18; იუდა 1:18; ებრაელთა 1:2; 1 პეტრე 1:5; 20).

დრო, როდესაც იესო მოვიდა დედამიწაზე და გამოგვისყიდა ცოდვებისგან, ეკუთვნის ადამიანთა გაშენების ბოლო ხანას და ამიტომ უთხრა მათ ღმერთმა, რომ არა დღისით, არამედ შებინდებისას დაეკლათ კრავი.

შემდეგ, მათ კრავის სისხლი კარის ზღურბლზე და ზღუდარზე უნდა წაესვათ (გამოსვლა 12:7). კრავის სისხლი სულიერად ნიშნავს იესო ქრისტეს სისხლს. ღმერთმა უთხრა, რომ სისხლი ორი კარის ზღურბლზე და ზღუდარზე უნდა წაესვათ, რადგან ჩვენ გადავრჩით იესო ქრისტეს სისხლით. თავისი სისხლის დაღვრითა და ჯვარზე სიკვდილით, იესომ გამოგვისყიდა ცოდვებისგან და გადაგვარჩინა; ეს არის ამის სულიერი მნიშვნელობა.

რადგან წმინდა სისხლს შეუძლია ჩვენი ცოდვებისგან გამოსყიდვა, მათ სისხლი კარების იმ ადგილას არ უნდა წაესვათ, სადაც ხალხი აბიჯებს, არამედ მის ზღურბლსა და ზღუდარზე.

იესომ თქვა, *„მე ვარ კარი; ვინც ჩემით შევა, ცხონდება: შევა და გამოვა, და ჰპოვებს საძოვარს“* (იოანე 10:9). როგორც ნათქვამია, პირმშოს სიკვდილის სასჯელის ღამეს, ყველა სახლში, სადაც სისხლი არ იყო წასმული, სიკვდილი იყო, მაგრამ რომლებმაც სისხლი წაუსვეს კარების ზღურბლს, ის ოჯახები სიკვდილს გადაურჩნენ.

მაგრამ მაშინაც კი, თუ კრავის სისხლს წაუსმევდნენ,

თუ კი გარეთ გავიდოდნენ, ისინი ვერ გადარჩებოდნენ (გამოსვლა 12:22). თუ კი კარს გასცდებოდნენ, ეს იმას ნიშნავს, რომ მათ არაფერი ესაქმებოდათ ღმერთის შეთანხმებასთან და პირმშოს სიკვდილის სასჯელი უნდა განეცადათ.

სულიერად, კარებს მიღმა სიმბოლურად გამოხატავს წყვდიადს, რომელსაც არაფერი ესაქმება ღმერთთან. ეს არის არაჭეშმარიტების სამყარო. მსგავსად დღეს, მაშინაც კი, თუ უფალს მივიღებთ, ჩვენ ვერ მივიღებთ ხსნას, თუ მას მივატოვებთ.

შეწვით კრავი და მთლიანად შეჭამეთ

ეგვიპტელების სახლებში სიკვდილი იყო. ფარაონიდან დაწყებული, რომელსაც არ ჰქონდა ღმერთის შიში, დიდი ტირილი ატყდა ღრმა ღამის სიჩუმეში.

მაგრამ დილამდე ისრაელიტები გარეთ არ გასულან. მათ უბრალოდ შეჭამეს კრავი ღმერთის სიტყვის თანახმად. რა არის იმის მიზეზი, რომ მათ კრავის ხორცი გვიან ღამით უნდა ეჭამათ? ამაში ღრმა სულიერი მნიშვნელობაა.

სანამ ადამი აკრძალული ხის ნაყოფს შეჭამდა, იგი ცხოვრობდა ღმერთის კონტროლის ქვეშ, რომელიც სინათლეა, მაგრამ რადგან არ დაემორჩილა და ხის

ნაყოფი შეჭამა, იგი ცოდვის მსახური გახდა. ამის გამო, ყოველი მისი შთამომავალი, მთელი ადამიანთა მოდგმა, ეშმაკის და სატანის, წყვდიადის მბრძანებლის კონტროლის ქვეშ მოექცა. ამგვარად, ეს სამყარო წყვდიადს და ღამეს მიეკუთვნება.

ზუსტად როგორც ისრაელიტებს გვიან ღამით უნდა ეჭამათ კრავის ხორცი, ჩვენ, რომლებიც სულიერად წყვდიადის სამყაროში ვცხოვრობთ, ადამიანის ძის ხორცი უნდა ვჭამოთ, რომელიც ღმერთის სიტყვაა და ღმერთი კი სინათლეა და უნდა დავლიოთ მისი სისხლი, რათა ხსნა მივიღოთ. ღმერთმა მათ დეტალურად აუხსნა, თუ როგორ უნდა ეჭამათ კრავი. მათ ეს ხმიადთან და მწარე ბალახებთან ერთად უნდა შეეჭამათ (გამოსვლა 12:8).

საფუარი არის ობისავით, რომელსაც პურის გასაფუებლად იყენებენ და ეს საკვებს უფრო გემრიელს და რბილს ხდის. საფუარის გარეშე პური ნაკლებად გემრიელია.

რადგან ასეთი სასოწარკვეთილი სიტუაცია იყო, რომ ეცხოვრათ თუ არა, ღმერთმა მათ საფუარის გარეშე პურით და მწარე ბალახებით აჭამა კრავი, რათა ეს დღე დამახსოვრებოდათ.

ასევე, საფუარი გულისხმობს ცოდვებს და ბოროტებას სულიერი გაგებით. ამგვარად, „საფუარის გარეშე პურის ჭამა“ სიმბოლურად გამოხატავს იმას, რომ ჩვენ უნდა განვდევნოთ ცოდვები და ბოროტება

სიცოცხლის ხსნის მისაღებად.

> *და ღმერთმა უთხრა მათ, რომ კრავი ცეცხლზე უნდა შეეწვათ, და არა უმი ან წყალში მოხარშული და ასევე მთლიანად უნდა ეჭამათ თავფეხიანად და შიგნეულიანად* (გამოსვლა 12:9).

აქ, „ნახევრადშემწვრის ჭამა“ გულისხმობს ღმერთის მვირფასი სიტყვის სიტყვასიტყვით განმარტებას.

მაგალითად, მათე 6:6 ამბობს, *„შენ კი, როდესაც ლოცულობ, შედი შენს სენაკში, მოიხურე კარი და ილოცე შენი ფარული მამის მიმართ. და მამა შენი, რომელიც ხედავს დაფარულს, მოგაგებს შენ ცხადად.“* თუ კი სიტყვას სიტყვასიტყვით განვმარტავთ, ჩვენ უნდა შევიდეთ ჩვენს სენაკში, მოვიხუროთ კარი და ვილოცოთ. მაგრამ ბიბლიაში ვერსად ვპოულობთ ღმერთის ადამიანს, რომელიც თავის საკანში, მოხურულ კარებში ლოცულობდა.

სულიერად, „სენაკში შესვლა და ლოცვა“ ნიშნავს, რომ ჩვენ არ უნდა გვქონდეს უსარგებლო აზრები და მთელი გულით უნდა ვილოცოთ.

ჩვენ უმი ხორცი რომ შევჭამოთ, შეიძლება მოვიწამლოთ ან მუცელი აგვტკივდეს. თუ კი ღმერთის სიტყვას სიტყვასიტყვით განვმარტავთ, ჩვენ მას სწორად ვერ გავიგებთ და ეს პრობლემებს გამოიწვევს. შემდეგ, ჩვენ ვერ გვექნება სულიერი რწმენა და

ამგვარად ეს ხსნას ჩამოგვაშორებს.

„წყალში მოხარშვა“ გულისხმობს „ფილოსოფიის, მეცნიერების, სამედიცინო მეცნიერების ან ადამიანის აზრების დამატებას ღმერთის სიტყვაზე.“ თუ კი ხორცს წყალში მოვხარშავთ, ხორცის წვენი გამოვა და მისი მრავალი საკვები დაიკარგება. მსგავსად, თუ კი ამ სამყაროს ცოდნას ჭეშმარიტების სიტყვას დავუმატებთ, ჩვენ შეიძლება რწმენა, როგორც ცოდნა ისე გვქონდეს, მაგრამ სულიერი რწმენა ვერ გვექნება. ამგვარად, ეს ხსნამდე ვერ მიგვიყვანს.

მაშ, რას ნიშნავს კრავის ცეცხლზე შეწვა?

აქ „ცეცხლი“ ნიშნავს „სული წმინდის ცეცხლს.“ სახელდობრ, ღმერთის სიტყვა დაწერილია სული წმინდის შთაგონებით და ამიტომ, როდესაც მას ვკითხულობთ და გვესმის, ჩვენ ეს სული წმინდის სისავსესა და შთაგონებაში უნდა გავაკეთოთ. სხვა შემთხვევაში ეს უბრალო ცოდნის ნაწილი გახდება და ამას, როგორც სულიერ პურს ისე ვერ მივიღებთ.

იმისათვის, რომ ღმერთის სიტყვა, როგორც ცეცხლზე შემწვარი საკვები ისე მივიღოთ, ჩვენ მხურვალედ უნდა ვილოცოთ. ლოცვა არის ზეთივით, და ეს არის წყარო, რომელიც სული წმინდის სისავსეს გვაძლევს. როდესაც ღმერთის სიტყვას სული წმინდის შთაგონებით ვიღებთ, ეს სიტყვა თაფლზე უფრო ტკბილი იქნება. ეს იმას ნიშნავს, რომ ჩვენ სიტყვას

მწყურვალი გულით ვუსმენთ, როგორც ირემი ქშინავს წყლის ნაკადულთან. ამგვარად, ჩვენ ვგრძნობთ, რომ ღმერთის სიტყვის მოსმენის დრო ძალიან ძვირფასია და არასოდეს მოგვწყინდება მისი მოსმენა.

როდესაც ღმერთის სიტყვას ვუსმენთ, თუ კი ადამიანის აზრებს გამოვიყენებთ, ან ჩვენს საკუთარ გამოცდილებასა და ცოდნას, ჩვენ შეიძლება ბევრი რამ ვერ გავიგოთ.

მაგალითად, ღმერთი გვეუბნება, რომ თუ კი ვინმე ყვრიმალში შემოგვარტყამს, მეორე უნდა მივუშვიროთ, და თუ ვინმეს სურს პერანგი წაგართვას, მას მოსასხამიც უნდა მივცეთ, და თუ ვინმე გვაიძულებს ერთი მილის მანძილზე გამომყევიო, ორზე უნდა გავყვეთ მას. ასევე, მრავალი ადამიანი ფიქრობს, რომ სწორია რაიმეთი სარგებლობა, მაგრამ ღმერთი გვეუბნება, რომ ჩვენი მტრებიც კი უნდა გვიყვარდეს, საკუთარი თავები დავიმდაბლოთ და ვემსახუროთ სხვებს (მათე 5:39-44).

ამიტომ უნდა გავანადგუროთ ჩვენი აზრები და ღმერთის სიტყვა მხოლოდ სული წმინდის შთაგონებით უნდა მივიღოთ. მხოლოდ ამის შემდეგ გახდება ღმერთის სიტყვა ჩვენი ცხოვრება და სიძლიერე და შევძლებთ არაჭეშმარიტების განდევნას და საუკუნო სიცოცხლის გზას დავადგებით.

ზოგადად, ხორცი უფრო გემრიელია, როდესაც ცეცხლზე ვწვავთ და ამით ინფექციებსაც ვსპობთ. მსგავსად, ეშმაკი ვერ მოქმედებს იმ ადამიანებზე,

რომლებიც ღმერთის სიტყვას სულიერად იღებენ.

გარდა ამისა, ღმერთმა მათ უთხრა, რომ კრავის თავი, ფეხები და შიგნეულობა უნდა ეჭამათ. ეს იმას ნიშნავს, რომ ჩვენ ბიბლიის 66 წიგნი უკლებლივ უნდა შევისწავლოთ.

ბიბლიაში შედის შექმნის წყარო და ადამიანთა გაშენების განგება. გარდა ამისა, მასში წერია, თუ როგორ უნდა გავხდეთ ღმერთის ჭეშმარიტი შვილები. მასში შედის ხსნის განგება, რომელიც დროის დაწყებამდე იყო დამალული. ბიბლიაში თვით ღმერთის ნება შედის.

ამგვარად, „თავის, ფეხების და შიგნეულობის ჭამა“ ნიშნავს, რომ ჩვენ ბიბლია მთლიანად უნდა შევისწავლოთ.

დილისთვის ნუ მოირჩენთ, აჩქარებით ჭამეთ

ისრაელის ხალხმა კრავი ცეცხლზე შემწვარი სახლში ჭამეს და დილამდე არაფერი დაუტოვებიათ, რადგან გამოსვლა 12:10 ამბობს, *„დილისთვის ნუ მოირჩენთ; რაც მოგრჩებათ, ცეცხლში დაწვით.“*

„დილა“ არის როდესაც სიბნელე ქრება და სინათლე მოდის. სულიერად, ეს გულისხმობს უფლის მეორედ მოსვლის დროს. მისი მოსვლის შემდეგ, ჩვენ ვერ მოვამზადებთ ჩვენს ზეთს (მათე 25:1-13) და ამიტომ,

ღმერთის სიტყვა დარწმუნებით უნდა მივიღოთ და განვახორციელოთ უფალი იესოს მეორედ მოსვლამდე.

ადამიანებს შეუძლია 70 ან 80 წლის განმავლობაში ცხოვრება და ჩვენ არ ვიცით, თუ როდის დასრულდება ჩვენი სიცოცხლე. ამიტომ, ღმერთის სიტყვა ყოველთვის ჩვენს გვერდით უნდა გვქონდეს.

ისრაელის ხალხი ეგვიპტიდან უნდა წასულიყო პირმშოს სიკვდილის სასჯელის შემდეგ და ამიტომ უთხრა მათ ღმერთმა, რომ სიჩქარით ეჭამათ.

> *„ამგვარად ჭამეთ: წელზე სარტყელი გერტყათ, ფეხზე გიცვათ, ჯოხი გეჭიროთ ხელში. აჩქარებით ჭამეთ. საუფლო პასექია ეს“* (გამოსვლა 12:11).

ეს ნიშნავს, რომ ისინი მზად უნდა ყოფილიყვნენ წასასვლელად. სარტყლის მორტყმა და ფეხზე ჩაცმა ნიშნავს, რომ ისინი სრულყოფილად მზად უნდა ყოფილიყვნენ.

იესო ქრისტეს მეშვეობით ამ სამყაროში ხსნის მისაღებად, რომელიც ტკივილ მიყენებული ეგვიპტესავით არის და ზეციურ სასუფეველში შესასვლელად, რომელიც კანაანის დაპირებული მიწასავით არის, ჩვენც ყოველთვის მზად უნდა ვიყოთ.

ასევე ღმერთმა უთხრა მათ, რომ ჯოხი ხელში უნდა ჭირებოდათ და „ჯოხი“ სულიერად სიმბოლურად გამოხატავს „რწმენას.“ როდესაც დავდივართ ან მთაზე

ავდივართ, თუ კი ჯოხი გვაქვს, უფრო ადვილი და უსაფრთხო იქნება და არ ჩამოვარდებით.

მიზეზი იმისა, თუ რატომ მიიღო მოსემ ჯოხი, იყო ის, რომ მას გულში არ ჰქონდა სული წმინდა მიღებული. ღმერთმა მოსეს მისცა ჯოხი, რომელიც სულიერად აღნიშნავდა რწმენას. ამ გზით ისრაელის ხალხი გამოცდიდა ღმერთის ძალას ჯოხით, რომლის დანახვა ფიზიკური თვალებით მოხერხდებოდა და ეგვიპტიდან გამოსვლა იქნებოდა შესაძლებელი.

დღესაც კი, საუკუნო ზეციურ სასუფეველში შესასვლელად, ჩვენ სულიერ რწმენას უნდა ვფლობდეთ. ხსნას მხოლოდ მაშინ მივაღწევთ, როდესაც უფალი იესო ქრისტესი გვწამს, რომელიც ყოველგვარი ცოდვის გარეშე მოკვდა ჯვარზე და აღსდგა. და სრულყოფილ ხსნას კი მაშინ მივაღწევთ, როდესაც ღმერთის სიტყვას განვახორციელებთ უფლის ხორცის ჭამით და მისი სისხლის დალევით.

გარდა ამისა, ახლა არის დრო, როდესაც უფლის მეორედ მოსვლა ძალიან ახლოს არის. ამგვარად, ჩვენ უნდა დავემორჩილოთ ღმერთის სიტყვას და ვილოცოთ დარწმუნებით, რათა ყოველთვის შევძლოთ წყვდიადის ძალების დამარცხება.

„ამიტომ ხელთ იპყარით ღვთის საჭურველი, რათა უკეთურ დღეს შეგეძლოთ წინააღმდეგობა და, ყოვლის მძლეველნი, კვლავ მტკიცედ

იდგეთ. მაშ, აღიმართეთ, ჭეშმარიტება შეირტყით წელზე და სიმართლის აბჯრით შეიმოსეთ, ფეხთ კი მზადყოფნა ჩაიცვით მშვიდობის სახარების საქადაგებლად. ამასთან, იფარეთ რწმენის ფარი, რომლითაც შესძლებთ ბოროტების ცეცხლოვან ისართა დაშრეტას, აიღეთ ხსნის ჩაჩქანი და სულის მახვილი, რომელიც არის ღვთის სიტყვა“ (ეფესელთა 6:13-17).

თავი 8

წინდაცვეთა და წმინდა ზიარება

გამოსვლა 12:43-51

„უთხრა უფალმა მოსეს და აარონს: ასეთია პასექის წესი" (43).

„წინადაუცვეთელმა არ უნდა ჭამოს" (48).

„ერთი რჯული ექნეს მკვიდრსა და მდგმურს, თქვენ შორის რომ დგას" (49).

„სწორედ ამ დღეს გამოიყვანა უფალმა ეგვიპტის ქვეყნიდან მწყობრად ისრაელიანები" (51).

პასექის დღესასწაულის აღნიშვნა ყველაზე დიდხანს გაგრძელდა მსოფლიოში, 3500 წელზე მეტი. ეს იყო ისრაელის ქვეყნის დაარსების საფუძველი.

პასექი არის פסח (ფესახი) ებრაულად და ნიშნავს, როგორც თვით სახელი ამბობს, გადაკვეთას ან რაიმეს მიტევებას. ეს ნიშნავს, რომ წყვდიადის აჩრდილი ისრაელის სახლებს გადასცდა, რომელთა კარის ზღურბლები კრავის სისხლით იყო დაფარული, როდესაც პირმშოს სიკვდილის სასჯელი მოვიდა ეგვიპტეში.

დღესაც კი, ისრაელში სახლებს ალაგებენ და სახლებიდან საფუარიან პურს ყრიან პასექის დროს. პატარა ბავშვებიც კი საწოლის ქვეშ და ავეჯის უკან ამოწმებენ ისეთი პური ხომ არ არის დარჩენილი, რომელსაც შიგნით საფუარი აქვს. ასევე, ყოველი ოჯახი ჭამს პასექის წესების მიხედვით. ოჯახის უფროსი იხსენებს პასექის დღესასწაულს და ერთად აღნიშნავენ გამოსვლას.

„რატომ ვჭამთ მაცას (უსაფუარო პური) დღეს?“

„რატომ ვჭამთ მარორს (მწარე ბალახები) დღეს?“

„რატომ ვჭამთ ოხრახუშს მარილიან წყალში ორჯერ ჩაწობის შემდეგ? რატომ ვჭამთ მწარე ბალახებს ჰაროშეთთან ერთად (მოწითალო ფერის ჯემი, სიმბოლურად გამოხატავს ეგვიპტეში ბრიკეტების

გამოცხობას)?“

„რატომ ვჯდებით და ვჭამთ პასექის საკვებს?“

ცერემონიის ლიდერი განმარტავს, რომ უსაფუარო პური იმიტომ უნდა ეჭამათ, რომ ეგვიპტე მალე უნდა დაეტოვებინათ. მწარე ბალახებს ეგვიპტეში მონობისგან გამოწვეული ტკივილის გასახსენებლად ჭამდნენ და ოხრახუშის მარილიან წყალში ორჯერ ჩაწობა და ჭამა კი მათი დაღვრილი ცრემლების მოსახსენიებელი იყო.

მაგრამ ახლა, რადგან მათი მამები მონობისგან გათავისუფლდნენ, ისინი წამოწვებიან და ისე ჭამენ, რათა გამოხატონ თავისუფლება და სიხარული. და როდესაც ლიდერი საუბრობს ეგვიპტის ათი სასჯელის ისტორიების შესახებ, თითოეული ოჯახის წევრი პირში ღვინოს იკავებს, როდესაც სასჯელის სახელს ახსენებენ, შემდეგ სპეციალურად გამოყოფილ თასში აფურთხებენ.

პასექი მოხდა 3500 წლის წინათ, მაგრამ პასექის საკვებით, ბავშვებსაც კი აქვთ საშუალება გამოცადონ ეგვიპტიდან გამოსვლა. ებრაელები დღესაც ინახავენ ამ დღესასწაულს, რომელიც ღმერთმა ათასობით წლის წინათ დააარსა.

დიასპორას მალა, სახელდობრ, მალა ებრაელებისთვის, რომლებიც მთელი მსოფლიოს

გარშემო მიმოიფანტნენ, დაბრუნდნენ და აღადგინონ ქვეყანა, აქ არის.

პასექში მონაწილეების კვალიფიკაციები

იმ ღამეს, როდესაც ეგვიპტეში პირმშოს სიკვდილის სასჯელი მოვიდა, ისრაელიტები გადაურჩნენ სიკვდილს ღმერთის სიტყვაზე დამორჩილებით. მაგრამ პასექში მონაწილეობის მისაღებად, მათ პირობა უნდა დაეკმაყოფილებინათ.

> *„უთხრა უფალმა მოსეს და აარონს: ასეთია პასექის წესი: უცხოთესლმა არ უნდა ჭამოს იგი. ვერცხლით ნაყიდმა ყოველმა ყმამ, თუ წინდაცვეთილია, ჭამოს. ხიზანმა და ქირისკაცმა არ უნდა ჭამოს. ერთ ჭერქვეშ უნდა შეიჭამოს; ხორცი სახლიდან გარეთ არ უნდა გაიტანოთ, არც ძვლები არ უნდა დაამტვრიოთ. ისრაელის მთელმა საზოგადოებამ უნდა შეასრულოს ეს. თუ ვინმე მდგმურად დაგიდგათ და დააპირა საუფლო პასექის გამზადება, წინდააცვეთინე მის ყოველ მამაკაცს, და მხოლოდ ამის შემდეგ შეასრულოს წესი და ქვეყნის მკვიდრად შეირაცხება იგი. წინადაუცვეთელმა არ უნდა ჭამოს. ერთი რჯული ექნეს მკვიდრსა და მდგმურს, თქვენ შორის რომ დგას“* (გამოსვლა

12:43-49).

მხოლოდ იმ ადამიანებს შეეძლოთ პასექის საკვების ჭამა, რომლებსაც წინდაცვეთა ჰქონდათ გამოვლილი, რადგან წინდაცვეთა სიცოცხლისთვის გადამწყვეტი რამ იყო და სულიერად ხსნასთან იყო დაკავშირებული.

წინდაცვეთა არის მამრის ასოს კანის ბოლოს მოკვეთა და ეს ხორციელდება ისრაელის მამრი ჩვილების დაბადების დღიდან მერვე დღეს.

დაბადება 17:9-10 ამბობს, *„უთხრა ღმერთმა აბრაამს: ოღონდ დაიცავით ჩემი აღთქმა შენ და შენმა შთამომავლობამ თაობიდან თაობამდე. ეს არის აღთქმა, რომელიც უნდა დაიცვათ, აღთქმა, ჩემსა და თქვენს შორის და შენს შთამომავლობას შორის თაობიდან თაობამდე; წინადაიცვითოს თქვენში ყოველმა მამაკაცმა.“*

როდესაც ღმერთმა აბრაამს, ჭეშმარიტების მამას, თავისი კურთხევების აღთქმა მისცა, მან მას უბრძანა წინდაცვეთის შესრულება როგორც აღთქმის სუნთქვა. ის ადამიანები, რომლებსაც არ ჰქონდა წინდაცვეთა გამოვლილი, კურთხევებს ვერ მიიღებდნენ.

> *„დაიცვითეთ ჩუჩა და ეს იყოს ნიშნად აღთქმისა ჩემსა და თქვენს შორის. რვა დღისამ წინადაიცვითოს თქვენში ყოველმა მამაკაცმა თაობიდან თაობამდე, სახლში დაბადებულმა და უცხოელისგან ვერცხლით ნაყიდმა, რომელიც შენი თესლ-ტომის არ არის. წინადაიცვითოს*

შენს სახლში დაბადებულმა და შენი ვერცხლით ნაყიდმა; იყოს ჩემი აღთქმა თქვენს ხორცში სამარადისო აღთქმად. წინადაუცვეთელი მამაკაცი, რომელსაც არ დაუცვითავს მერვე დღეს ჩუჩა, უნდა მოიკვეთოს თავისი ხალხიდან, რადგან დაარღვია ჩემი აღთქმა“ (დაბადება 17:11-14).

მაშ, რატომ უბრძანა მათ ღმერთმა, რომ მერვე დღეს უნდა შეესრულებინათ წინდაცვეთა?

როდესაც ჩვილი ახალდაბადებულია, ცხრა თვის განმავლობაში დედის საშოში ყოფნის შემდეგ, მისთვის რთულია სრულიად განსხვავებულ გარემოს შეეჩვიოს. მისი უჯრედები ჯერ კიდევ სუსტია, მაგრამ შვიდი დღის შემდეგ, ისინი ეცნობიან ახალ გარემოს, მაგრამ ჯერ კიდევ არ არიან ძალიან აქტიურები.

თუ კი წინდაცვეთა ამ დროს მოხდება, ტკივილი მინიმალურია და იარაც მალე შეხორცდება. მაგრამ როდესაც იგი გაიზრდება, კანი მაგრდება და წინდაცვეთის შესრულება ძალიან მტკივნეული იქნება.

ღმერთმა ისრაელიტებს უბრძანა, რომ წინდაცვეთა დაბადების დღიდან მერვე დღეს შეესრულებინათ, რათა ეს გაჯანსაღებისთვის და გაზრდისთვის სასარგებლო ყოფილიყო.

წინდაცვეთა, პირდაპირ დაკავშირებული ცხოვრებასთან

გამოსვლა 4:24-26 ამბობს, *„გზაზე, ღამეს რომ ათევდნენ, დაუხვდა მას უფალი და მოკვლა დაუპირა. აიღო ციფორამ კაჟი და ჩუჩა წააჭრა შვილს, ფეხებთან დაუგდო და თქვა: სისხლის სიძე ხარ ჩემი. გაეცალა მას უფალი. მაშინ თქვა ციფორამ: სისხლის სიძე წინდაცვეთით.“*

ღმერთმა რატომ დაუპირა მოსეს მოკვლა?

ჩვენ ამას გავიგებთ, თუ კი მოსეს დაბადება და გაზრდა გვესმის. იმ დროს, ისრაელიტების სრულიად გასანადგურებლად, ბრძანება იყო გაცემული, რომ ყოველი ებრაელის ახალდაბადებული ჭაბუკი მოეკლათ.

ამ დროს მოსეს დედამ იგი გადამალა. მან იგი მოწნულ კალათაში ჩასვა და ნილოსის მდინარის ნაპირას დასვა. ღმერთის განგებით, იგი ეგვიპტის პრინცესამ შეამჩნია და პრინცი გახდა, როგორც პრინცესას აყვანილი შვილი. ამიტომ არ მოუწია მას წინდაცვეთამ.

მიუხედავად იმისა, რომ მას გამოსვლის ლიდერი ეწოდა, იგი ჯერ არ იყო წინდაცვეთილი. ამიტომ უნდოდა ღმერთის ანგელოზს მისი მოკვლა. მსგავსად, წინდაცვეთა პირდაპირ არის სიცოცხლესთან

დაკავშირებული; თუ კი ადამიანი არ არის წინდაცვეთილი, მას არაფერი ესაქმება ღმერთთან.

ებრაელთა 10:1 ამბობს, *„რადგანაც რჯული, მომავალ სიკეთეთა მხოლოდ ჩრდილის და არა თვით ნამდვილ საგანთა მქონე,“* და რჯული აქ გულისხმობს ძველ აღთქმას და „მომავალ სიკეთითა“ არის ახალი აღთქმა, სახელდობრ კარგი ამბავი, რომელსაც იესო ქრისტე მოიტანს.

ჩრდილი და ნამდვილი საგანი ერთია და მათ არ შეუძლიათ ცალ-ცალკე არსებობა. ამგვარად, ღმერთის მცნებები წინდაცვეთის შესახებ ძველი აღთქმის დროს, რომელიც აცხადებდა, რომ წინდაცვეთის გარეშე ისინი ღმერთის ხალხისგან გამოძევდებოდნენ, დღესაც გვეხება ჩვენ.

მაგრამ დღეს, ძველი აღთქმის დროისგან განსხვავებით, ჩვენ არა ფიზიკური წინდაცვეთა გვჭირდება, არამედ სულიერი, რაც გულის წინდაცვეთაა.

ფიზიკური წინდაცვეთა და გულის წინდაცვეთა

რომაელთა 2:28-29 ამბობს, *„ვინაიდან იუდეველი ის კი არაა, ვინც გარეგნულადაა იადეველი, და არც წინადაცვეთილობაა ის, რაც გარეგნულია და ხორციელი. არამედ იუდეველი ისაა, ვინც შინაგანადაა იუდეველი, და წინადაცვეთაც ისაა, რაც გულისა და სულისმიერია*

და არა ასოსმიერი. ასე რომ, კაცთაგან კი არ იქება, არამედ ღვთისაგან.“ ფიზიკური წინდაცვეთა უბრალო აჩრდილია და თვით ნამდვილი საგანი ახალ აღთქმაში არის გულის წინდაცვეთა და ეს გვაძლევს ხსნას.

ძველი აღთქმის დროს, მათ არ მიუღიათ სული წმინდა და გულიდან არ შეეძლოთ არაჭეშმარიტებების განდევნა. ამგვარად, მათ ფიზიკური წინდაცვეთით გამოავლინეს, რომ ღმერთს ეკუთვნოდნენ. მაგრამ ახალი აღთქმის დროს, როდესაც იესო ქრისტეს ვიღებთ, სული წმინდა მოდის ჩვენს გულებში და გვეხმარება, რომ ჭეშმარიტებით ვიცხოვროთ, რათა გულიდან არაჭეშმარიტებების განდევნა შევძლოთ.

ამ გზით ჩვენი გულის წინდაცვეთა არის ძველი აღთქმის მცნებაზე დამორჩილება, რომ სხეულში მოხდეს წინდაცვეთა. ეს ასევე არის პასექის შენახვის გზა.

> *„წინდაიცვითეთ უფლისათვის და მოიშორეთ გულის ჩუჩა“* (იერემია 4:4).

რას ნიშნავს გულის ჩუჩას მოშორება? ეს არის ღმერთის თითოეული სიტყვის შესრულება.

ჩვენ უბრალოდ არ ვაკეთებთ იმას, რაზეც ღმერთი გვეუბნება რომ არ უნდა გავაკეთოთ, მაგალითად „არ გძულდეთ, არ გაკიცხოთ, არ მოიპაროთ და არ ჩაიდინოთ ღალატის ცოდვა.“ ასევე, ჩვენ ვდევნით

ისეთ და ვასრულებთ იმას, რასაც იგი გვიბრძანებს, მაგალითად „განდევნეთ ყოველგვარი ბოროტება, დაიცავით შაბათი, დაიცავით ღმერთის მცნებები."

ასევე, ჩვენ იმას ვაკეთებთ, რასაც იგი გვეუბნება, „იქადაგეთ სახარება, ილოცეთ, მიუტევეთ, გიყვარდეთ და ასე შემდეგ." ამის გაკეთებით, ჩვენ ვდევნით არაჭეშმარიტებას, ბოროტებას, უსამართლობას, უკანონობას და წყვდიადს ჩვენი გულებიდან, რათა განვწმინდოთ და ჭეშმარიტებით ავავსოთ იგი.

გულის წინდაცვეთა და სრული ხსნა

მოსეს დროს, პასექი დაარსდა ისრაელიტებისთვის რომ მათ პირმშოს სიკვდილის სასჯელისთვის თავი აეცილებინათ. ამგვარად, ეს იმას არ ნიშნავს, რომ ადამიანი სამარადისოდ გადარჩენილია მხოლოდ პასექში მონაწილეობის მიღებით.

ეს რომ შესაძლებელი ყოფილიყო, ყველა ისრაელიტე, რომელიც ეგვიპტიდან გამოვიდა, კანაანის მიწაზე შევიდოდა.

მაგრამ რეალობა იყო ის, რომ მოზრდილებს, იოშუას და ქალების გარდა, რომლებიც 20 წლის ზემოთ იყვნენ გამოსვლის დროს, არ გამოუვლინებიათ რწმენის და მორჩილების ქმედებები. ეს იყო თაობა, რომელიც ორმოცი წლის განმავლობაში უდაბნოში უნდა

დარჩენილიყო და იქ მომკვდარიყო, კურთხეული კანაანის მიწის დანახვის გარეშე.

ეს დღესაც იგივეა. მაშინაც კი, თუ იესო ქრისტეს მივიღებთ და ღმერთის შვილები გავხდებით, ეს არ არის სრულყოფილი და სამარადისოდ გარანტირებული. ეს უბრალოდ იმას ნიშნავს, რომ ჩვენ შევედით ხსნის სასაზღვრო ფარგლებში.

ამგვარად, ზუსტად როგორც 40 წლიანი გამოცდა საჭირო იყო ისრაელიტებისთვის კანაანის მიწაზე შესასვლელად, სამუდამო ხსნის მისაღებად, ჩვენ უნდა გავიაროთ წინდაცვეთის პროცესი ღმერთის სიტყვით.

როდესაც იესო ქრისტეს ჩვენს მხსნელად ვიღებთ, ჩვენ ღმერთი სული წმინდას გვაძლევს. თუმცა, „სული წმინდის მიღება" არ ნიშნავს, რომ ჩვენი გულები სრულყოფილად განიწმინდება. ჩვენ უნდა განვაგრძოთ ჩვენი გულების წინდაცვეთა, სანამ სრულყოფილ ხსნას მივაღწევთ.

გულის წინდაცვეთის მნიშვნელობა

მხოლოდ მაშინ შევძლებთ ღმერთის შვილები გავხდეთ, როდესაც განვიწმინდებით ცოდვებისა და ბოროტებისგან ღმერთის სიტყვით.

კიდევ ერთი მიზეზი იმისა, თუ რატომ უნდა გავიაროთ გულის წინდაცვეთის პროცესი, არის ის, რომ სულიერი ბრძოლების მოგება შევძლოთ. თუმცა

უხილავი, არსებობს მუდმივი და სასტიკი ბრძოლები სიკეთის სულებს შორის, რომელიც ეკუთვნის ღმერთს და ბოროტ სულებს.

ეფესელთა 6:12 ამბობს, *„რადგანაც სისხლისა და ხორცის წინააღმდეგ კი არ ვიბრძვით, არამედ მთავრობათა და ხელმწიფებათა, ამ ბნელი საწუთროს მპყრობელთა და ცისქვეშეთის უკეთურ სულთა წინააღმდეგ.“*

ამ სულიერი ბრძოლის მოსაგებად, ჩვენ უნდა განვწმინდოთ ჩვენი გულები. ეს იმიტომ, რომ სულიერ სამყაროში, სიძლიერე უცოდველობაშია. ამიტომ სურს ღმერთს ჩვენი გულების წინდაცვეთა და მრავალჯერ გვითხრა წინდაცვეთის მნიშვნელობის შესახებ.

> *„საყვარელნო, თუ ჩვენი გული არა გვგმობს, პირნათელნი ვართ ღვთის წინაშე. ამიტომ, რასაც ვითხოვთ, მივიღებთ მისგან, ვინაიდან ვიმარხავთ მის მცნებებს და ისე ვიქცევით, როგორც მას მოსწონს“* (1 იოანე 3:21-22).

ცხოვრების პრობლემებზე, როგორიც არის ავადმყოფობები და სიღარიბე, პასუხების მისაღებად, ჩვენ ჩვენი გულები წინ უნდა დავცვითოთ. მხოლოდ მაშინ, როდესაც წმინდა გულები გვექნება, ჩვენ მივიღებთ გაბედულობას ღმერთის წინაშე და იგი ყველაფერს მოგვცემს, რასაც ვთხოვთ.

პასექი და წმინდა ზიარება

მსგავსად, მხოლოდ წინდაცვეთის შემდეგ შევძლებთ პასექში მონაწილეობას. დღეს ეს დაკავშირებულია წმინდა ზიარებასთან. პასექი არის დღესასწაული კრავის ხორცის შესაჭმელად და წმინდა ზიარება არის პურის ჭამა და ღვინის დალევა, რაც სიმბოლურად გამოხატავს იესოს ხორცს და სისხლს.

> *„უთხრა მათ იესომ: ჭეშმარიტად, ჭეშმარიტად გეუბნებით თქვენ: თუკი არ შეჭამთ კაცის ძის ხორცს და არ შესვამთ მის სისხლს, არ გექნებათ სიცოცხლე თქვენში. ხოლო, ვინც ჭამს ჩემს ხორცს და სვამს ჩემს სისხლს, ექნება საუკუნო სიცოცხლე, და აღვადგენ მას უკანასკნელ დღეს“* (იოანე 6:53-54).

აქ, „კაცის ძე“ გულისხმობს იესოს და კაცის ძის ხორცი გულისხმობს ბიბლიის 66 წიგნს. კაცის ძის ხორცის ჭამა ნიშნავს ბიბლიაში დაწერილი ღმერთის ჭეშმარიტების სიტყვის მიღებას.

ასევე, ზუსტად როგორც საჭმლის მონელებისთვის სითხის მიღება გვჭირდება, როდესაც კაცის ძის ხორცს ვჭამთ, ამ დროს სითხეც უნდა დავლიოთ კარგად მონელებისთვის.

„კაცის ძის სისხლის დალევა“ ნიშნავს ღმერთის სიტყვის ჭეშმარიტად რწმენას და მის განხორციელებას.

სიტყვის მოსმენის და შესწავლის შემდეგ, თუ ამას არ განვახორციელებთ, მაშინ ღმერთის სიტყვა ვერაფერში გამოგვადგება.

როდესაც გვესმის ღმერთის სიტყვა ბიბლიის 66 წიგნში და ვახორციელებთ მას, ჩვენს გულებში ჭეშმარიტება მოვა და გული მას შეიწოვს, როგორც სხეული იწოვს საკვებს. შემდეგ ცოდვები და ბოროტება გახდება ნარჩენი და ჩვენ უფრო და უფრო ჭეშმარიტების ადამიანები გავხდებით საუკუნო სიცოცხლის მისაღებად.

მაგალითად, თუ კი ჭეშმარიტების საკვებს, სახელად „სიყვარულს“ მივიღებთ და განვახორციელებთ მას, ეს სიტყვა ჩვენში საკვებივით შეიწოვება. და რაც მისი საწინააღმდეგოა, მაგალითად სიძულვილი, შური და ეჭვიანობა, გახდება განსადევნი ნაგავი. ასე ჩვენ გვექნება სიყვარულის სრულყოფილი გულები.

ასევე, როდესაც ჩვენს გულებს სიმშვიდითა და სამართლიანობით ავავსებთ, კამათები, არგუმენტები, უთანხმოებები, გულისწყრომები და უსამართლობები გაქრება.

კვალიფიკაციები წმინდა ზიარებაში მონაწილეობის მისაღებად

გამოსვლის დროს, წინდაცვეთილ ადამიანებს

უფლება ჰქონდათ პასექში მონაწილეობა მიეღოთ, ამიტომ მათ შეძლეს პირმშოს სიკვდილის სასჯელის თავიდან აცილება. მსგავსად დღეს, როდესაც იესო ქრისტეს ჩვენს მხსნელად ვიღებთ და ამასთანავე სული წმინდასაც, ჩვენ გვეწოდება ღმერთის შვილები და უფლება გვაქვს წმინდა ზიარებაში მონაწილეობა მივიღოთ.

მაგრამ პასექი იყო მხოლოდ პირმშოს სიკვდილისგან ხსნისათვის. ისინი მაინც უნდა წასულიყვნენ უდაბნოში ხსნის დასასრულებლად. ანალოგიურად, მიუხედავად იმისა, რომ სული წმინდა გვაქვს მიღებული და წმინდა ზიარებაში შეგვიძლია მონაწილეობის მიღება, ჩვენ მაინც გვჭირდება საუკუნო სიცოცხლის მისაღები პროცესის გამოვლა. რადგან იესო ქრისტეს მიღებით ხსნის კარიბჭეს მივაღწიეთ, ჩვენს ცხოვრებაში ღმერთის სიტყვას უნდა დავემორჩილოთ. ჩვენ უნდა წავიდეთ ზეციური სასუფევლის და საუკუნო ხსნის კარიბჭეებისკენ.

თუ ცოდვებს ჩავიდენთ, ჩვენ ვერ მივიღებთ წმინდა ზიარებაში მონაწილეობას წმინდა უფლის ხორცის შესაჭმელად და მისი სისხლის დასალევად. ჩვენ ჯერ საკუთარ წარსულს უნდა გადავხედოთ, მოვინანიოთ ყოველი ჩადენილი ცოდვა და განვწმინდოთ ჩვენი გული წმინდა ზიარებაში მონაწილეობის მიღებით.

„ამიტომ ვინც ამ პურს შეჭამს ან უფლის სასმისს შესვამს უღირსად, დამნაშავე იქნება უფლის

სხეულისა და სისხლის წინაშე. მაშ, გამოსცადოს კაცმა თავისი თავი და ისე ჭამოს ამ პურიდან და ამ სასმისისგან სვას. რადგან ვინც უღირსად ჭამს და სვამს, თავისსავე განკითხვას ჭამს და სვამს, რაკიღა ვერ არჩევს უფლის სხეულს" (1 კორინთელთა 11:27-29).

ზოგი ამბობს, რომ მხოლოდ იმ ადამიანებს შეუძლიათ წმინდა ზიარებაში მონაწილეობის მიღება, რომლებიც წყლით არიან მონათლულები. მაგრამ როდესაც იესო ქრისტეს ვიღებთ, ჩვენ ასევე ვიღებთ სული წმინდას. ყოველ ჩვენთაგანს აქვს უფლება ღმერთის შვილი გახდეს.

ამგვარად, თუ კი სული წმინდა გვაქვს მიღებული და ღმერთის შვილები გავხდით, ჩვენ შეგვიძლია წმინდა ზიარებაში მონაწილეობის მიღება ცოდვების მონანიების შემდეგ, მიუხედავად იმისა, რომ ჯერ წყლით არ ვართ მონათლულები.

წმინდა ზიარებით, ჩვენ კიდევ ერთხელ გავიხსენებთ უფლის მოწყალებას, რომელიც ჯვარს ეცვა და სისხლი დაღვარა ჩვენთვის. ჩვენ ასევე უნდა გადავხედოთ ჩვენს საკუთარ წარსულს და ვისწავლოთ და განვახორციელოთ ღმერთის სიტყვა.

1 კორინთელთა 11:23-25 ამბობს, *„რადგან მე უფლისაგან მივიღე ის, რაც გადმოგეცით: რომ უფალმა იესომ თავისი გაცემის ღამეს აიღო პური, მადლი*

შესწირა, გატეხა და თქვა: *მიიღეთ და ჭამეთ; ეს არის ჩემი სხეული, თქვენთვის დამტვრეული; ეს ჰყავით ჩემს მოსახსენებლად, ასევე სერობის შემდეგაც აიღო სასმისი და თქვა: ეს სასმისი არის ახალი აღთქმა ჩემს სისხლში; ეს ჰყავით ყოველთვის, როცა სვამთ ჩემს მოსახსენებლად.*"

ამგვარად, მე მოგიწოდებთ, რომ გააცნობიეროთ პასექის და წმინდა ზიარების ჭეშმარიტი მნიშვნელობა და დარწმუნებით შეჭამოთ უფლის ხორცი და დალიოთ მისი სისხლი, რათა შეძლოთ ყოველი ბოროტების განდევნა და გულის სრულყოფილად წინდაცვეთა.

თავი 9

გამოსვლა და უფუარობის დღესასწაული

გამოსვლა 12:15-17

„შვიდ დღეს ჭამეთ ხმიადი; პირველი დღიდანვე აღიკვეთეთ საფუარი სახლებში, რადგან ვინც კი შეჭამს საფუარიანს პირველი დღიდან მეშვიდე დღემდე, მოიკვეთება იგი ისრაელიდან. პირველ დღეს წმიდა წვეულება გქონდეთ, მეშვიდე დღესაც წმიდა წვეულება გქონდეთ; ამ დღეებში არა საქმე არ გაკეთდეს; რაც თითოეულს საჭმელად გჭირდებათ, მხოლოდ ის გაკეთდეს. დაიცავით უფუარობა, რადგან სწორედ ამ დღეს გამოვიყვანე თქვენი მხედრობა ეგვიპტის ქვეყნიდან; დაიცავით ეს დღე თაობიდან თაობაში სამარადისო წესად."

„მოდით მივუტევოთ, მაგრამ არ დავივიწყოთ.“

ეს წინადადება იერუსალიმში იად ვაშემის ჰოლოკოსტის მუზეუმის შესასვლელში წერია. ეს არის იმ ექვსი მილიონი ებრაელის მოსახსენიებლად, რომლებიც ნაცისტების მიერ იყვნენ მოკლულნი მეორე მსოფლიო ომის დროს.

ისრაელის ისტორია მოსახსენიებელი ისტორიაა. ბიბლიაში, ღმერთი ეუბნება მათ, რომ წარსული გაიხსენონ და რომ მომავალ თაობებს არ დაავიწყდეთ.

პასექის მეშვეობით პირმშოს სიკვდილისგან გადარჩენის შემდეგ, ღმერთმა უთხრა ისრაელიტებს რომ უფუარობის დღესასწაული დაეცვათ. ეს არის იმისათვის, რომ მათ სამუდამოდ ახსოვდეთ ის დღე, როდესაც ეგვიპტეში მონობისგან გათავისუფლდნენ.

გამოსვლის სულიერი მნიშვნელობა

გამოსვლის დღე არ არის უბრალოდ თავისუფლების დღე.

„ეგვიპტე“ რომელშიც ისრაელიტები მონობაში ცხოვრობდნენ, სიმბოლურად გამოხატავს „ამ სამყაროს“, რომელიც ეშმაკის კონტროლის ქვეშ არის. ზუსტად როგორც ისრაელიტები იდევნებოდნენ და ეგვიპტეში მონებად იყვნენ, ხალხი იტანჯება ტკივილისა და მწუხარებისგან ეშმაკის გამო, როდესაც

ღმერთის შესახებ არ იციან.

როდესაც ისრაელიტებმა ნახეს ათი სასჯელი, რომელიც ეგვიპტეში მოხდა, მათ შეიტყვეს ღმერთის შესახებ. ისინი მოსეს გაჰყვნენ ეგვიპტიდან კანაანის მიწაზე შესასვლელად, რომელიც ღმერთი მათ წინაპარს, აბრაამს დაპირდა.

ეს იგივეა დღევანდელი დროის ადამიანებშიც, რომლებიც ღმერთის ცოდნის გარეშე ცხოვრობდნენ, მაგრამ იესო ქრისტე მიიღეს.

ისრაელიტების ეგვიპტიდან გამოსვლა, სადაც მონებად იყვნენ, შესადარებელია ადამიანებთან, რომლებიც ეშმაკის მონობიდან გამოდიან იესო ქრისტეს მიღებით და ღმერთის შვილებად გახდომით.

ასევე, ისრაელიტების გამგზავრება ქანაანის მიწაზე, არ განსხვავდება იმ მორწმუნეებისგან, რომლებიც რწმენის მოგზაურობაში არიან ზეციური სასუფევლისაკენ.

ქანაანის მიწა, სადაც რძე და თაფლი მოედინება

გამოსვლის პროცესში, ღმერთი ისრაელიტებს პირდაპირ ქანაანის მიწისაკენ არ წარუძღვა. ისინი უნდა წასულიყვნენ უდაბნოში, რადგან არსებობდა ძლიერი ერი სახელად ფილისტია ქანაანისკენ უმოკლეს გზაზე.

ამ ადგილის გასავლელად, მათ მოუწევდათ ომი ფილისტელებთან. ღმერთმა იცოდა, რომ თუ კი ომი გაჩაღდებოდა, იმ ადამიანებს, რომლებსაც რწმენა არ ჰქონდათ, ეგვიპტეში დაბრუნება მოუნდებოდათ.

ანალოგიურად, ის ადამიანები, რომლებმაც ახლახან მიიღეს იესო ქრისტე, მაშინათვე ვერ მიიღებენ ჭეშმარიტ რწმენას. ამიტომ, თუ კი გამოცდას მიიღებენ, რომელიც იმხელაა, რამხელაც ფილისტია და ფილისტელები იყვნენ, მათ შეიძლება ვერ ჩააბარონ ეს გამოცდა და საბოლოოდ მიატოვონ რწმენა.

ამიტომ თქვა ღმერთმა, *„სხვა განსაცდელი არ შეგხვედრიათ, ადამიანური განსაცდლის გარდა; მაგრამ სარწმუნოა ღმერთი, რომელიც არ შეგამთხვევთ იმას რისი ატანაც თქვენს ძალ-ღონეს აღემატება, არამედ განსაცდელში გამოსავალსაც გაპოვნინებთ, რათა შეიძლოთ ატანა“* (1 კორინთელთა 10:13).

ზუსტად როგორც ისრაელიტები წავიდნენ უდაბნოში სანამ ქანაანის მიწას მიაღწევდნენ, ღმერთის შვილებად გახდომის შემდეგაც კი, ჩვენც მოგველის რწმენის მგზავრობა სანამ ზეციურ სასუფეველს, ქანაანის მიწას მივაღწევდეთ.

მიუხედავად იმისა, რომ უდაბნოში ცხოვრება რთული იყო, რწმენის ადამიანები არ დაბრუნდნენ ეგვიპტეში, რადგან ელოდნენ თავისუფლებას, მშვიდობას და სიუხვეს ქანაანის მიწაზე, რომლითაც ეგვიპტეში ვერ დატკბებოდნენ. ეს იგივეა დღეს

ჩვენთანაც.

მიუხედავად იმისა, რომ ზოგჯერ ვიწრო და რთულ გზას გავდივართ, ჩვენ გვწამს ზეციური სასუფევლის სილამაზის. ამიტომ, ჩვენ რწმენის გზას რთულ გზად არ ვთვლით და ღმერთის სიძლიერის და დახმარების საშუალებით ყველაფრის დაძლევა შეგვიძლია.

საბოლოოდ, ისრაელის ხალხმა დაიწყო ქანაანის მიწისკენ გამგზავრება. მათ გამოიარეს მიწები, სადაც 400 წელზე მეტი ცხოვრობდნენ და მოსეს ხელმძღვანელობით დაიწყეს რწმენით სიარული.

იყვნენ ადამიანები, რომლებსაც საქონელი მიჰყავდათ. სხვები ტანსაცმელს, ვერცხლს და ოქროს ტვირთავდნენ, რომლებიც ეგვიპტელებისგან მიიღეს. ზოგი უსაფუარო ცომს ზიდავდა, როდესაც ზოგი პატარა ბავშვებს და მოხუცებულებს უვლიდა. ისრაელიტების დიდი რაოდენობა, რომლებიც ჩქარობდნენ ეგვიპტიდან გამოსვლას, გაუთავებელი იყო.

„დაიძრნენ ისრაელიანები რამსესიდან სუქოთისკენ – ბავშვებს გარდა ექვსასი ათასამდე ქვეითი კაცი. თან გაჰყვა მათ უამრავი ჭრელი ხალხი, ცხვარ-ძროხა, ურიცხვი საქონელი. დააცხვეს ეგვიპტიდან წამოღებული ცომისაგან ხმიადის კოკრები; ვერ მოასწრო ცომმა აფუება, რადგან არ დააყენეს ისინი და

გამოყარეს ეგვიპტიდან, ისე რომ საგზალიც არ გაუმზადებიათ“ (გამოსვლა 12:37-39).

ამ დღეს მათი გულები თავისუფლებით, იმედით და ხსნით იყო სავსე. ამ დღის აღსანიშნავად, ღმერთმა უბრძანა მათ, რომ ყველა თაობას აღენიშნა უფუარობის დღესასწაული.

უფუარობა

დღეს, ქრისტიანობაში, ჩვენ უფუარობის დღესასწაულის მაგივრად აღდგომას აღვნიშნავთ. აღდგომა აღინიშნება ღმერთისთვის მადლობის გადასახდელად იესოს ჯვარცმით ჩვენი ცოდვების შენდობის გამო. ასევე, ჩვენ ამას აღვნიშნავთ, როგორც დღეს, როდესაც ჩვენთვის შესაძლებელი გახდა სიბნელიდან გამოსვლა და ნათელში შესვლა მისი აღდგომით.

უფუარობის დღესასწაული ისრაელში სამი მთავარი დღესასწაულიდან ერთ-ერთია. ეს არის იმ ფაქტის აღსანიშნავად, რომ ისინი ღმერთის ხელით გამოვიდნენ ეგვიპტიდან. პასექის საღამოდან დაწყებული, შვიდი დღის განმავლობაში უსაფუარო პურს ჭამდნენ.

მრავალი ტანჯვის შემდეგაც კი, ფარაონმა არ შეცვალა თავისი გადაწყვეტილება. საბოლოოდ მთელი

ეგვიპტე დაიტანჯა პირმშოს სიკვდილის სასჯელით და თვით ფარაონმაც დაკარგა თავისი პირველი ვაჟი. ფარაონმა სასწრაფოდ იხმო მოსე და აარონი და უთხრა მათ, რომ დაუყოვნებლივ დაეტოვებინათ ეგვიპტე. ამიტომ, მათ არ ჰქონდათ საფუარიანი პურის გამოცხობის დრო. ეს იყო იმის მიზეზი, თუ რატომ მოუწიათ უსაფუარო პურის ჭამა.

ასევე, ღმერთი მათ იმიტომ აჭმევს უსაფუარო პურს, რომ მათ დაიმახსოვრონ ის ტანჯვა და მონობისგან გათავისუფლების მადლიერები იყვნენ.

პასექი არის დღესასწაული, რომელიც აღნიშნავს პირმშოს სიკვდილის სასჯელისგან ხსნას. ისინი ჭამენ კრავს, მწარე ბალახებს და უსაფუარო პურს. უფუარობის დღესასწაული არის იმ ფაქტის აღსანიშნავად, რომ მათ ერთი კვირის განმავლობაში უსაფუარო პური ჭამეს უდაბნოში.

დღეს, ისრაელელები მთელი კვირის განმავლობაში აღნიშნავენ პასექს უფუარობის დღესასწაულის ჩათვლით.

„ნუ მიატან მას საფუარიანს, ხუთ დღეს ჭამე მასთან ერთად ხმიადი, გაჭირვების პური, რადგან ნაჩქარევად გამოხვედი ეგვიპტის ქვეყნიდან, რომ მთელი სიცოცხლე გახსოვდეს ეგვიპტის ქვეყნიდან შენი გამოსვლის დღე“ (რჯული 16:3).

უფუარობის სულიერი მნიშვნელობა

„შვიდ დღეს ჭამეთ ხმიადი; პირველი დღიდანვე აღიკვეთეთ საფუარი სახლებში, რადგან ვინც კი შეჭამს საფუარიანს პირველი დღიდან მეშვიდე დღემდე, მოიკვეთება იგი ისრაელიდან“ (გამოსვლა 12:15).

აქ, „პირველი დღე“ გულისხმობს ხსნის დღეს. პირმშოს სიკვდილისგან ხსნის და ეგვიპტიდან გამოსვლის შემდეგ, ისრაელიტებს შვიდი დღის განმავლობაში უსაფუარო პური უნდა ეჭამათ. ანალოგიურად, იესო ქრისტეს და სული წმინდის მიღების შემდეგ, ჩვენ სულიერად უნდა შევჭამოთ უსაფუარო პური ხსნის მისაღწევად.

სულიერად უსაფუარო პურის ჭამა ნიშნავს ამ სამყაროს დატოვებას და ვიწრო გზაზე დადგომას. იესო ქრისტეს მიღების შემდეგ, ჩვენ თავმდაბალი გულებით ვიწრო გზას უნდა დავადგეთ ხსნის მისაღწევად.

უსაფუარო პურის ნაცვლად საფუარიანის ჭამა არის განიერი და მარტივი გზის არჩევა, რაც ამ სამყაროს უაზრობის დევნაა. რა თქმა უნდა, ადამიანი, რომელიც ამ გზას აირჩევს, ხსნას ვერ მიიღებს. ამიტომ თქვა ღმერთმა, რომ ის ადამიანები, რომლებიც საფუარიან პურს შეჭამენ, ისრაელიდან მოიკვეთებიან.

მაშ, რა დარიგებებს გვაძლევს დღეს უფუარობის

დღესასწაული?

პირველი, ჩვენ ყოველთვის უნდა გვახსოვდეს და მადლიერები ვიყოთ ღმერთის სიყვარულის და ხსნის მოწყალების, რომელიც თავისუფლად მივიღეთ იესო ქრისტეს მიერ გამოსყიდვით.

ისრაელიტები იხსენიებენ ეგვიპტეში მონობის დროს შვიდი დღის განმავლობაში უსაფუარო პურის ჭამით და მათი ხსნისთვის ღმერთისთვის მადლობის გადახდით. მსგავსად, ჩვენ, მორწმუნეებს, რომლებიც სულიერად ისრაელიტები ვართ, უნდა გვახსოვდეს ღმერთის სიყვარული და მოწყალება, რომელიც წარგვიძღვა საუკუნო სიცოცხლის გზისაკენ და ყველაფერში მადლიერები უნდა ვიყოთ.

ჩვენ უნდა გვახსოვდეს ის დღე, როდესაც შევხვდით ღმერთს და დღე, როდესაც ხელახლა დავიბადეთ წყლით და სულით და მადლიერები უნდა ვიყოთ ღმერთის წყალობისთვის. ეს იგივეა რაც უფუარობის სულიერი დონის შესრულება. იმ ადამიანებს, რომლებიც გულში ჭეშმარიტად კეთილები არიან, არასოდეს დაავიწყდებათ ის წყალობა, რომელიც უფლისგან მიიღეს. ეს არის ადამიანი მოვალეობა და ეს არის სიკეთის გულის ლამაზი ქმედება.

ამ კეთილი გულით, არ აქვს მნიშვნელობა თუ რამდენად რთულია დღევანდელი ჩვენი რეალობა, ჩვენ არასოდეს დაგვავიწყდება სიყვარული და

მოწყალება და მადლიერები ვიქნებით ამისათვის.

ეს იყო აბაკუმის შემთხვევაში, რომელიც აქტიური იყო მეფე იოსიას მეფობის დროს, 600 წელს ახალ წელთაღრიცხვამდე.

> *„თუნდაც აღარ აყვავდეს ლეღვი, აღარ გამოისხას ვაზმა მტევანი, გამტყუნდეს ზეთისხილის ნაყოფი, ყანებმა საზრდო არ მოიტანოს, მოწყდეს ფარეხიდან ცხვარი და აღარ დარჩეს ბოსლებში საქონელი. მე მაინც უფალში გავიხარებდი, ჩემი ხსნის ღმერთში ვნახავდი შვებას“* (აბაკუმი 3:17-18).

მისი ქვეყანა, იუდა, საფრთხეში აღმოჩნდა ქალდეელებთან (ბაბილონელები) და წინასწარმეტყველ აბაკუმს უნდა ენახა ქვეყნის დაცემა, მაგრამ სასოწარკვეთილებაში ჩავარდნის ნაცვლად, აბაკუმმა ღმერთს მადლიერების შესაწირი შესწირა.

მსგავსად, ჩვენს ცხოვრებაში სიტუაციისა და ვითარების მიუხედავად, მხოლოდ იმ ერთი ფაქტით, რომ ღმერთის წყალობით ყოველგვარი საფასურის გარეშე გადარჩენილები ვართ, ჩვენ შეგვიძლია მადლიერები ვიყოთ გულის სიღრმიდან.

მეორე, ჩვენ ჩვეულებრივ არ უნდა განვაგრძოთ ჩვენი რწმენის ცხოვრება და არც ხელი არ უნდა ავიღოთ წინა მშრალ ცხოვრების გზაზე და არც

ისეთი ქრისტიანული ცხოვრებით არ უნდა ვიცხოვროთ, რომელსაც არც პროგრესი და არც ცვლილება აქვს.

უენთუზიასტო ქრისტიანული ცხოვრებით ცხოვრება, იგივეა რაც ისე დარჩენა, როგორც ადრე ვიყავით. ეს არის უმოქმედო ცხოვრება ცვლილებების გარეშე. ეს იმას ნიშნავს, რომ ჩვენ გვაქვს გრილი, ჩვეულებრივი რწმენა. ეს არის რწმენის ფორმალობების ჩვენება გულის წინდაცვეთის გარეშე.

თუ ცივები ვართ, ღმერთისგან შეიძლება სასჯელი მივიღოთ, რათა შევიცვალოთ და განვახლდეთ. მაგრამ როდესაც გრილები ვართ, ჩვენ კომპრომისზე მივდივართ ამ სამყაროსთან და არ ვცდილობთ ცოდვების მონანიებას. ჩვენ შეგნებულად და ადვილად არ მივატოვებთ ღმერთს, რადგან სული წმინდა გვაქვს მიღებული და კარგად ვიცით, რომ ზეცა და ჯოჯოხეთი არსებობს.

თუ კი ვგრძნობთ ჩვენს შეცდომებს, ჩვენ ვილოცებთ მათ შესახებ. მაგრამ ის ადამიანები, რომლებიც ნელთბილები არიან, ენთუზიაზმს არ ავლენენ. ისინი ხდებიან „ეკლესიაში მოსიარულეები."

მათ გულში შეიძლება იგრძნონ შფოთვა და ტკივილი, მაგრამ დროთა განმავლობაში ეს გრძნობებიც ქრება.

„მაგრამ რაკი ნელ-თბილი ხარ, არც ცივი ხარ და არც

ცხელი, ამიტომ გადმოგაფურთხებ ჩემს ბაგეთაგან" (აპოკალიფსი 3:16). როგორც ნათქვამია, ისინი ვერ მიიღებენ ხსნას. ამიტომ გვეუბნება ღმერთი, რომ სხვადასხვა დღესასწაულები უნდა დავიცვათ, რათა ჩვენი რწმენა შევამოწმოთ და რწმენის მწიფე ზომას მივაღწიოთ.

მესამე, ჩვენ ყოველთვის უნდა შევინარჩუნოთ პირველი სიყვარულის მადლი. თუ კი ამას დავკარგავთ, ჩვენ უნდა გავიხსენოთ ის მომენტი, როდესაც დავეცით, მოვინანიოთ და დაუყოვნებლივ აღვიდგინოთ პირველი ქმედებები.

ნებისმიერ ადამიანს, რომელსაც უფალი იესო აქვს მიღებული, შეუძლია პირველი სიყვარულის მადლის განცდა. ღმერთის სიყვარული და მადლი იმხელაა, რომ ადამიანის სიცოცხლის თითოეული დღე თვით სიხარული და ბედნიერება იქნება.

ზუსტად როგორც მშობლები ელოდებიან თავიანთი შვილების გაზრდას, ღმერთიც ელოდება თავისი შვილების გაზრდას, როდესაც მათ მტკიცე რწმენა ექნებათ. მაგრამ თუ კი რაღაც მომენტში პირველი სიყვარულის მადლს დავკარგავთ, ჩვენი ენთუზიაზმი და სიყვარული შეიძლება გაცივდეს. მაშინაც კი, თუ ვილოცებთ, ჩვენ ეს შეიძლება მხოლოდ მოვალეობის მიზნით გავაკეთოთ.

სანამ განწმენდის მთლიან, სრულყოფილ და სავსე დონეს მივაღწევთ, თუ ჩვენს გულს სატანას გადავცემთ, შეიძლება პირველი სიყვარული ნებისმიერ დროს დავკარგოთ. ამგვარად, თუ კი პირველი სიყვარულის მადლი დავკარგეთ, ჩვენ უნდა ვიპოვნოთ ამის მიზეზი და დაუყოვნებლივ მოვინანიოთ და შემოვბრუნდეთ.

ბევრი ამბობს, რომ ქრისტიანული ცხოვრება არის ვიწრო და რთული გზა, მაგრამ 2 რჯული 30:11-ში წერია, „რადგან ეს მცნება, რომელსაც დღეს გიცხადებ, არ არის შენთვის შეუძლებელი და მიუწვდომელი." თუ კი ღმერთის ჭეშმარიტ სიყვარულს გავაცნობიერებთ, რწმენაში ცხოვრების მოგზაურობა არასოდეს იქნება რთული. ეს იმიტომ, რომ ამჟამინდელი ტანჯვები ვერ შეედრება იმ დიდებას, რომელიც მოგვიანებით მოგვეცემა. ჩვენ შეგვიძლია ბედნიერები ვიყოთ ამ დიდების წარმოდგენით.

ამგვარად, როგორც მორწმუნეები, რომლებიც ბოლო დღეებში ვცხოვრობთ, ჩვენ ყოველთვის უნდა დავემორჩილოთ ღმერთის სიტყვას და ვიცხოვროთ ნათელში. თუ არ ავირჩევთ ამ სამყაროს ფართო გზას და ნაცვლად რწმენის ვიწრო გზას დავადგებით, ჩვენ ქანაანის მიწაზე შესვლას შევძლებთ.

ღმერთი მოგვცემს ხსნის და პირველი სიყვარულის სიხარულის წყალობას. იგი გვაკურთხებს, რათა სიწმინდეს მივაღწიოთ და ჩვენი რწმენის გზაზე

საშუალებას მოგვცემს სიძლიერით შევიდეთ ზეციურ სასუფეველში.

თავი 10

მორჩილებით ცხოვრება და კურთხევები

რჯული 28:1-6

„თუ გაიგონებ უფლის, შენი ღმერთის სიტყვას, დაიცავ და შეასრულებ ყველა ანდერძს, რომელსაც დღეს გიცხადებ, ქვეყნიერების ყველა ხალხზე მაღლა დაგსვამს უფალი, შენი ღმერთი. „გადმოვა შენზე ყველა ეს კურთხევა და გეწევა, როცა გაიგონებ უფლის, შენი ღმერთის სიტყვას. კურთხეულიმც ხარ ქალაქად და კურთხეულიმც ხარ ველად! კურთხეულიმც არის შენი მუცლის ნაყოფი, შენი მიწის ნაყოფი და შენი საქონლის ნაყოფი, შენი ნახირის მონაშენი და ფარის ნამატი! კურთხეულიმც არის შენი კალათი და შენი ვარცლი! კურთხეულიმც ხარ შესვლისას და კურთხეულიმც ხარ გასვლისას."

ისრაელის გამოსვლის ამბავი ძვირფას დარიგებას გვაძლევს. ზუსტად როგორც ფარაონს და ეგვიპტეს მოუწია სასჯელების გამოვლა დაუმორჩილებლობის გამო, ქანაანის მიწისაკენ გზაზე ისრაელის ხალხიც დაიტანჯა, რადგან ღმერთის წინააღმდეგ წავიდნენ.

პასექის საშუალებით, ისინი გადაურჩნენ პირმშოს სიკვდილის სასჯელს. მაგრამ, როდესაც დასალევი წყალი და საკვები არ ჰქონდათ მათ ჩივილი დაიწყეს.

მათ შექმნეს ოქროს ხბო და თაყვანს სცემდნენ მას, და ცუდ ამბებს ავრცელებდნენ დაპირებული მიწის შესახებ; ისინი მოსესაც კი შეეწინააღმდეგენ. ეს ყველაფერი იმიტომ მოხდა, რომ ისინი რწმენის თვალით არ იყურებოდნენ ქანაანისკენ.

შედეგად, გამოსვლის პირველი თაობა, იოშუას და ქალების გარდა, უდაბნოში მოკვდა. მხოლოდ იოშუა და ქალები დაემორჩილნენ ღმერთის სიტყვას და შევიდნენ ქანაანის მიწაზე გამოსვლის მეორე თაობით.

ქანაანის მიწაზე შესვლის კურთხევა

რადგან გამოსვლის პირველი თაობა იყო იმ თაობების ნაწილი, რომლებიც დაიბადნენ და გაიზარდნენ ეგვიპტის წარმართების კულტურაში 400 წლის განმავლობაში, მათ ღმერთში რწმენა დაკარგეს. ასევე, დიდი ბოროტება ჩაინერგა მათ გულებში, როდესაც იდევნებოდნენ და იტანჯებოდნენ.

მაგრამ ისრაელიტების გამოსვლის მეორე თაობამ ბავშვობიდანვე შეისწავლა ღმერთის სიტყვა. რადგან მათ ღმერთის მიერ მოხდენილი მრავალი სასწაული ნახეს, ისინი დიდად განსხვავდებოდნენ თავიანთი მშობლების თაობისგან.

მათ ესმოდათ, თუ რატომ ვერ შეძლო თავიანთი მშობლების თაობამ ქანაანის მიწაზე შესვლა. ისინი მზად იყვნენ ღმერთს და თავიანთ ლიდერს რწმენით დამორჩილებოდნენ.

მათი მშობლების თაობისგან განსხვავებით, რომლებიც განუწყვეტლივ ჩიოდნენ, მათ სრული დამორჩილების აღთქმა დადეს. მათ აღიარეს, რომ სრულყოფილად დაემორჩილებოდნენ იოშუას, რომელმაც ღმერთის ნებით მოსეს ფუნქცია მიიღო.

> *„როგორც მოსეს ვუჯერებდით, ისე შენ დაგიჯერებთ. ოღონდ უფალი, შენი ღმერთი, იყოს შენთან, როგორც მოსესთან იყო. ყოველი კაცი, ვინც არ დაემორჩილება შენს ნაბრძანებს და არ გაიგონებს შენს სიტყვას, რასაც გვიბრძანებ, სიკვდილით დაისჯება. ოღონდ გამაგრდი და მტკიცედ დეგ“* (იესონავე 1:17-18).

40 წელი უდაბნოში, რომლის დროსაც ისრაელიტები აქა-იქ დახეტიალობდნენ, არ იყო უბრალო სასჯელის დრო. ეს იყო სულიერი მომზადების დრო გამოსვლის

მეორე თაობისათვის, რომელიც ქანაანის მიწაზე შევიდოდა.

სანამ ღმერთი კურთხევებს მოგვცემდეს, იგი მრავალი სულიერი ვარჯიშით გვამზადებს, რათა სულიერი რწმენა გვქონდეს. ეს იმიტომ, რომ სულიერი რწმენის გარეშე, ჩვენ ვერ მივიღებთ ხსნას და ვერ შევალთ ზეციურ სასუფეველში.

ასევე, თუ კი ღმერთი კურთხევას იქამდე მოგვცემს, სანამ სულიერი რწმენა გვექნება, შესაძლოა მრავალი ჩვენთაგანი ამ სამყაროს დაუბრუნდეს. ამიტომ, ღმერთი თავისი ძალით მრავალ გასაოცარ სასწაულს გვიჩვენებს და ზოგჯერ ცეცხლოვან განსაცდელებსაც გვიგზავნის ჩვენი რწმენის გასაზრდელად.

მორჩილების პირველი დაბრკოლება, რომლის წინაშეც მეორე თაობა აღმოჩნდა, იყო მდინარე იორდანესთან. მდინარე იორდანე მოაბის და ქანაანის მიწის შუაში მოედინებოდა და იმ დროს დინება ძალიან ძლიერი იყო და ხშირად მდინარის პირებს ტბორავდა.

აქ რა თქვა ღმერთმა? მან უთხრა მღვდლებს, რომ აღთქმის კიდობანი აეღოთ და მდინარისკენ წასულიყვნენ, რათა პირველები შესულიყვნენ მდინარეში. როგორც კი ხალხმა იოშუას მიერ ღმერთის ნება გაიგო, მათ იორდანეს მდინარისკენ დაიწყეს სვლა ყოველგვარი დაბრკოლების გარეშე და მღვდლები კი წინ მიუძღვებოდნენ.

რადგან ღმერთის სიძლიერის სწამდათ, მათ

დამორჩილება ყოველგვარი ეჭვისა და ჩივილის გარეშე შეეძლოთ. შედეგად, როდესაც მღვდლების ფეხები მდინარის წყალს შეეხო, წყლის ნაკადი შეწყდა და მათ მდინარის გადაკვეთა ისე შეძლეს, თითქოს მშრალ მიწაზე დადიოდნენო.

ასევე, მათ გაანადგურეს იერიქონის ქალაქი, რომელიც, როგორც ნათქვამი იყო, მიუდგომელი ციხე-სიმაგრე იყო. დღევანდელისგან განსხვავებით, რადგან მათ არ ჰქონდათ ძლიერი იარაღები, თითქმის შეუძლებელი იყო ისეთი ძლიერი კედლების ჩამონგრევა, რომლებიც ორი ფენისგან შედგებოდა.

მათი მთელი სიძლიერითაც კი, ამ კედლების განადგურება უაღრესად რთული რამ იქნებოდა. მაგრამ ღმერთმა უთხრა მათ, რომ ქალაქის გარეშემო მისულიყვნენ დღეში ერთხელ ექვსი დღის განმავლობაში და მეშვიდე დღეს კი ადრე ამდგარიყვნენ და შვიდჯერ შემოევლოთ ციხე-სიმაგრეს და შემდეგ კი ხმამაღლა დაეყვირათ.

სიტუაციაში, სადაც მტრის ძალები კედლების თავზე იდგნენ, გამოსვლის მეორე თაობამ ყოყმანის გარეშე დაიწყო ქალაქის გარშემო შემოვლა.

შესაძლებელი იყო, რომ მტრებს ისრების სროლა დაეწყოთ მათთვის. მაგრამ მაინც, ასეთ რთულ სიტუაციაში, ისინი დაემორჩილნენ ღმერთის სიტყვას და დაიწყეს ქალაქის გარშემო სიარული. ყველაზე ძლიერი კედლებიც კი ჩამოინგრა, როდესაც ისრაელის

ხალხი ღმერთის სიტყვას დაემორჩილა.

მორჩილებით კურთხევების მიღება

მორჩილებამ შეიძლება ნებისმიერი სახის ვითარება გადალახოს. ეს არის კორიდორი ღმერთის გასაოცარი ძლიერების ჩამოსატანად. ადამიანის პერსპექტივით, ჩვენ შეიძლება ვიფიქროთ, რომ შეუძლებელია გარკვეულ რაღაცას დაემორჩილო. მაგრამ ღმერთის თვალში, არ არსებობს რაიმე, რასაც ვერ დავემორჩილებით და ღმერთი კი ყოვლისშემძლეა.

ასეთი მორჩილების გამოსავლენად, ზუსტად როგორც კრავი ცეცხლზე უნდა შევწვათ, ჩვენ უნდა მოვისმინოთ და გავიგოთ ღმერთის სიტყვა სული წმინდის შთაგონებით.

ასევე, ზუსტად როგორც ისრაელის ხალხმა უნდა დაიცვას პასექის და უფუარობის დღესასწაულები თაობიდან თაობაზე, ჩვენ ყოველთვის უნდა გვახსოვდეს ღმერთის სიტყვა. სახელდობრ, განუწყვეტლივ წინ უნდა დავცვითოთ ჩვენი გულები ღმერთის სიტყვით და განვდევნოთ ცოდვები და ბოროტება ხსნის წყალობის მადლიერებით.

მხოლოდ ამის შემდეგ მოგვეცემა ჭეშმარიტი რწმენა და შევძლებთ გამოვავლინოთ მორჩილების სრულყოფილი ქმედება.

შეიძლება არსებობდეს რაღაცეები, რასაც ვერ დავემორჩილებით, თუ კი თეორიებით, ცოდნით ან ადამიანის საღი აზრით ვიფიქრებთ. მაგრამ ღმერთის ნება ჩვენთვის არის ასეთ რაღაცეებზე მაინც დამორჩილება. როდესაც ასეთ მორჩილებას გამოვავლენთ, ღმერთი გვიჩვენებს სასწაულებს და გასაოცარ კურთხევებს.

ბიბლიაში, მრავალმა ადამიანმა მიიღო გასაოცარი კურთხევები მორჩილების გამო. დანიელმა და იოსებმა კურთხევები იმიტომ მიიღეს, რომ მათ ღმერთში მტკიცე რწმენა ჰქონდათ და სიკვდილის წინაც მხოლოდ ღმერთის სიტყვას იცავდნენ. ასევე, აბრაამის, რწმენის მამის ცხოვრებით, ჩვენ გვესმის, თუ როგორი ნასიამოვნებია ღმერთი იმ ადამიანებით, რომლებიც მას ემორჩილებიან.

აბრაამისთვის მიცემული კურთხევები

„უთხრა უფალმა აბრამს: წადი შენი ქვეყნიდან, შენი სამშობლოდან, მამაშენის სახლიდან იმ ქვეყანაში, რომელსაც მე გიჩვენებ. გაქცევ დიდ ხალხად, გაკურთხებ და განვადიდებ შენს სახელს და კურთხეული იქნები“ (დაბადება 12:1-2).

იმ დროს, აბრაამი 75 წლის იყო, ამგვარად იგი არ

იყო ახალგაზრდა. განსაკუთრებით, მისთვის არ იყო ადვილი თავისი ქვეყნის და ნათესავების დატოვება, რადგან არ ჰყავდა ბევრი ვაჟები, რომლებიც მისი მემკვიდრეები იქნებოდნენ.

არც ღმერთს უთქვამს კონკრეტული ადგილი, თუ სად უნდა წასულიყო. ღმერთმა მას უბრალოდ დატოვება უბრძანა. ადამიანის აზროვნება რომ გამოვიყენოთ, მისთვის ძალიან რთული უნდა ყოფილიყო დამორჩილება. მას ყველაფერი, რაც კი დაგროვებული ჰქონდა, უნდა დაეტოვებინა და სრულიად უცხო ადგილას წასულიყო.

არ არის ადვილი ყველაფრის მიტოვება და სრულიად ახალ ადგილას წასვლა, მაშინაც კი, თუ იქ გარანტირებული მომავალი გველოდება. და რამდენ ადამიანს შეუძლია ყველაფრის მიტოვება, როდესაც მათი მომავალი არ არის ნათელი? მაგრამ აბრაამი უბრალოდ დაემორჩილა ღმერთს.

ასევე კიდევ ერთი ძალიან მნიშვნელოვანი შემთხვევა იყო, რამაც აბრაამის მორჩილება კიდევ უფრო გააბრწყინა. იმისათვის, რომ აბრაამს მორჩილება კიდევ უფრო სრულყოფილად მიეღო, ღმერთმა მას გამოცდა გაუგზავნა კურთხევების მისაცემად.

სახელდობრ, ღმერთმა უბრძანა მას, რომ თავისი ერთადერთი ვაჟი, ისააკი შეეწირა. ისააკი აბრაამისთვის ძალიან ძვირფასი იყო. იგი მას საკუთარ თავზე უფრო ძვირფასად თვლიდა, მაგრამ ყოველგვარი მერყეობის

გარეშე დაემორჩილა ღმერთს.

ჩვენ დაბადება 22:3-ში ვხედავთ, რომ მეორე დღეს იგი დილით ადრე ადგა და ყველაფერი მოამზადა ღმერთის შესაწირისთვის და წავიდა ღმერთის მიერ ნაბრძანებ ადგილას.

ამჟამად, ეს იყო მორჩილების კიდევ უფრო მაღალი დონე, ვიდრე საკუთარი ქვეყნის დატოვება. იმ დროს, იგი უბრალოდ დაემორჩილა, რადგან იცოდა ღმერთის ნება. მაგრამ, როდესაც ღმერთმა თავისი ვაჟის შეწირვა უბრძანა, მან გაიგო ღმერთის გული და დაემორჩილა მის ნებას. ებრაელთა 11:17-19-ში წერია, თუ როგორ სწამდა მას, რომ მაშინაც, თუ თავის ერთადერთ ვაჟს შეწირავდა, ღმერთი მას გააცოცხლებდა, რადგან იგი ღმერთის დანაპირების თესლი იყო.

ღმერთი კმაყოფილი იყო აბრაამის რწმენით და მან თვითონ მოამზადა შესაწირი. ამ გამოცდის ჩაბარების შემდეგ, ღმერთმა მას თავისი მეგობარი უწოდა და დიდი კურთხევები გაუგზავნა.

დღესაც კი, ისრაელის გარშემო წყალი იშვიათია. და კიდევ უფრო იშვიათი იყო იმ დროს ქანაანის მიწაზე. მაგრამ ყველგან, სადაც აბრაამი მიდიოდა, იქ წყლის სიუხვე იყო. და მისმა ნათესავმა ლოტმაც კი, რომელიც მასთან ცხოვრობდა, დიდი კურთხევები მიიღო.

აბრაამს მრავალი საქონელი ჰყავდა და ბევრი ვერცხლი და ოქრო ჰქონდა; იგი მდიდარი ადამიანი იყო. როდესაც ლოტი ტყვედ იქნა აყვანილი, აბრაამმა

წაიყვანა თავის სახლში გაზრდილი 318 კაცი და იხსნა ლოტი. მხოლოდ ამ ფაქტით ვხედავთ, თუ როგორი მდიდარი იყო იგი.

აბრაამი ემორჩილებოდა ღმერთის სიტყვას. მის გარშემო მიწამ მიიღო დიდი კურთხევები და იმ ადამიანებმაც, რომლებიც მასთან იყვნენ.

აბრაამის მეშვეობით, მისმა შვილმაც, ისააკმაც მიიღო კურთხევები და მისი შთამომავლობა იმდენად დიდი იყო, რომ მათ ერიც კი ჩამოაყალიბეს. გარდა ამისა, ღმერთმა უთხრა მას, რომ იგი აკურთხებდა იმას, ვინც მას აკურთხებდა და დაწყევლიდა იმას, ვინც მას დაწყევლიდა. იგი იმდენად პატივცემული იყო, რომ მეზობელი ერების მეფეებიც კი პატივს აგებდნენ.

აბრაამმა მიიღო ყველანაირი სახის კურთხევა, რაც კი ადამიანს შეუძლია ამ სამყაროში მიიღოს; სიმდიდრის, სახელის, ძალაუფლების, ჯანმრთელობის და შვილების ჩათვლით. ზუსტად როგორც 2რჯულის 28-ე თავში წერია, იგი კურთხეული იყო შესვლისასაც და გამოსვლისასაც.

იგი გახდა კურთხევების წყარო და რწმენის მამა. გარდა ამისა, მას ღრმად ესმოდა ღმერთის გული და ღმერთს მასთან თავისი გულის გაზიარება შეეძლო. როგორი დიდებული კურთხევაა ეს!

რადგან ღმერთი სიყვარულია, მას სურს, რომ ყოველი ჩვენთაგანი აბრაამის მსგავსი გახდეს და მიაღწიოს კურთხეულ და დიდებულ მდგომარეობას.

ამიტომ დატოვა ღმერთმა დეტალური ჩანაწერი აბრაამის შესახებ. ვინც მის მაგალითს გაჰყვება და დაემორჩილება ღმერთის სიტყვას, იგივე კურთხევებს მიიღებს, რაც აბრაამმა მიიღო.

ღმერთის სიყვარული და სამართალი, რომელსაც ჩვენი კურთხევა სურს

აქამდე ჩვენ შევისწავლეთ ეგვიპტის ათი სასჯელი და პასექი, რომელიც ისრაელიტებისთვის ხსნის გზა იყო. ამით ჩვენ გვესმის, თუ რატომ გვემთხვევა უბედურებები, როგორ ავიცილოთ ისინი და როგორ მივიღოთ ხსნა.

თუ კი პრობლემებისგან ან ავადმყოფობებისგან ვიტანჯებით, ჩვენ უნდა გავაცნობიეროთ, რომ ეს ბოროტებისგან არის გამოწვეული. შემდეგ სასწრაფოდ უნდა გადავხედოთ ჩვენს წარსულს, მოვინანიოთ და განვდევნოთ ყოველი ბოროტება. ასევე, აბრაამის მეშვეობით, ჩვენ გვესმის, თუ როგორ გასაოცარ და წარმოუდგენელ კურთხევებს აძლევს ღმერთი იმ ადამიანებს, რომლებიც მას ემორჩილებიან.

ყოველ უბედურებას აქვს მიზეზი. იმის და მიხედვით, თუ რამდენად ვაცნობიერებთ მათ ჩვენი გულებით და რამდენად შემოვბრუნდებით ცოდვისა და ბოროტებისგან და საკუთარ თავებს შევცვლით, შედეგები განსხვავებული იქნება. ზოგი ადამიანი

უბრალოდ თავისი შეცდომების საფასურს გადაიხდის, როდესაც სხვები ტანჯვის მეშვეობით საკუთარ გულებში სიბნელეს ან ბოროტებას აღმოაჩენენ და მათთვის ეს იქნება შესაძლებლობა, რომ შეიცვალონ.

2 რჯულის 28-ე თავში, ჩვენ ვხედავთ კურთხევების და წყევლების შედარებას, რომლებიც ღმერთის სიტყვაზე მორჩილების და დაუმორჩილებლობის სიტუაციებში გვემთხვევა.

ღმერთს სურს, რომ კურთხევები მოგვცეს, მაგრამ როგორც მან თქვა 2 რჯული 11:26-ში, *„უყურეთ, ასარჩევად გაძლევთ დღეს კურთხევას და შეჩვენებას,"* არჩევანი ჩვენზეა. როდესაც ლობიოს დავთესავთ, ლობიოები აღმოცენდებიან. მსგავსად, სატანის მიერ მოტანილი უბედურებებისგან ვიტანჯებით ცოდვების შედეგად. ამ შემთხვევაში, ღმერთმა უნდა დაუშვას უბედურებების მოხდენა თავისი სამართლიანობის თანახმად.

მშობლებს სურთ, რომ შვილები კარგად იყვნენ და ეუბნებიან მათ, „კარგად ისწავლეთ," „პატიოსანი ცხოვრებით იცხოვრეთ," „დაემორჩილეთ საგზაო მოძრაობის წესებს" და ასე შემდეგ. ასეთივე გულით, ღმერთმა მოგვცა მცნებები და სურს, რომ ამ მცნებებს დავემორჩილოთ. მშობლებს არასდროს ენდომებათ, რომ შვილები არ დაემორჩილონ და განადგურების გზას დაადგნენ. ანალოგიურად, ღმერთის ნება არ არის, რომ ჩვენ უბედურებებისგან დავიტანჯოთ.

ამიტომ, მე ვლოცულობ უფალი იესო ქრისტეს

სახელით, რომ თქვენ გააცნობიერებთ, რომ ღმერთის ნება თავისი შვილებისადმი არა უბედურება, არამედ კურთხევაა და მორჩილი ცხოვრებით, თქვენ მიიღებთ ამ კურთხევებს შესვლისას და გამოსვლისას და ყველაფერი კარგად იქნება.

ავტორი:
დოქტორი ჯაეროკ ლი

დოქტორი ჯაეროკ ლი დაიბადა 1943 წელს მუანში, ჯეონამის პროვინცია, კორეის რესპუბლიკა. მის ოციან წლებში დოქტორი ლი იტანჯებოდა სხვადასხვა განუკურნებელი დაავადებებით შვიდი წლის განმავლობაში და ელოდებოდა სიკვდილს გამოჯანმრთელების იმედის გარეშე. ერთ დღეს 1974 წლის გაზაფხულს როგორღაც მისმა დამ წაიყვანა ეკლესიაში და როდესაც იგი სალოცავად დაიჩოქა ცოცხალმა ღმერთმა მაშინვე განკურნა ყველა დაავადებისაგან.

ამის შემდეგ დოქტორი ლი შეხვდა ცოცხალ ღმერთს გასაოცარი გამოცდილებიდან, მას უფალი მთელი გულით უყვარს და 1978 წელს ღმერთმა მას თავისი მსახური უწოდა. იგი გულმოდგინებით ლოცულობდა, რათა გარკვევით გაეგო უფლის ნება, მთლიანად შეესრულებინა იგი და დამორჩილებოდა უფლის ყოველ სიტყვას. 1982 წელს მან დააარსა მანმინის ცენტრალური ეკლესია სეულში, კორეაში და უფლის ურიცხვი სასწაულები, ზებუნებრივი განკურნებების ჩათვლით, ხდება მის ეკლესიაში.

1986 წელს დოქტორი ლი იკურთხა პასტორად კორეაში იესოს სუნგკიულის ეკლესიაში ყოველწლიურ ასამბლეაზე და ოთხი წლის შემდეგ, 1990 წელს მისი ქადაგებების გაშვება დაიწყო ავსტრალიაში, რუსეთში და ფილიპინებში. მოკლე დროის განმავლობაში უფრო მეტ ქვეყანას მიწვდა შორეული აღმოსავლეთის რადიომაუწყებლობის კომპანიის, აზიის რადიომაუწყებლობის სადგურით და ვაშინგტონის ქრისტიანული რადიო სისტემის მეშვეობით.

სამი წლის შემდეგ, 1933 წელს მანმინის ცენტრალური ეკლესია არჩეულ იქნა ერთ-ერთ „მსოფლიოს საუკეთესო 50 ეკლესიაში" ქრისტიანული მსოფლიო ჟურნალის (ამერიკის შეერთებული შტატები) მიერ და მიიღო საპატიო ღვთისმეტყველების დოქტორის ხარისხი ქრისტიანული რწმენის კოლეჯისაგან, ფლორიდა, ამერიკის შეერთებული შტატები და 1996 წელს კი Ph. D. სამღვდელოებაში კინგსვეის თეოლოგიური სემინარიიდან, აიოვა, ამერიკის შეერთებული შტატები.

1993 წლის შემდეგ დოქტორმა ლიმ დაიწყო მსოფლიოს მისიის ხელმძღვანელობა ბევრი საზღვარგარეთული მისიებით ტანზანიაში, არგენტინაში, ლოს ანჯელესში, ბალტიმორის ქალაქში, ჰავაიზე, ნიუ–იორკში, უგანდაში, იაპონიაში, პაკისტანში, კენიაში, ფილიპინებში, ჰონდურასში, ინდოეთში, რუსეთში, გერმანიაში, პერუში, კონგოში და ისრაელში.

2002 წელს ქრისტიანულმა გაზეთმა კორეაში იგი აღიარა, როგორც

„მსოფლიო მასშტაბის მქადაგებელი“ მისი ძლიერი სამღვდელოებისათვის სხვადასხვა ქვეყნებში. კერძოდ მისი ნიუ-იორკის 2006 ლაშქრობა, რომელიც მედისონ-სკვერ-გარდენში ჩატარდა. ეს შემთხვევა გადაეცა 220 სახელმწიფოს და მისი „2009 წლის ისრაელის გაერთიანებული ლაშქრობა,“ ჩატარებული იერუსალიმის საერთაშორისო კონვენციის ცენტრში, აქ მან გაბედულად განაცხადა, რომ იესო ქრისტე არის მესია და მხსნელი.

მისი ქადაგებები გადაეცემა 176 სახელმწიფოს თანამგზავრებით, GCN TV-ის ჩათვლით, და იგი ჩამოთვლილი იყო ერთ-ერთ 2009 წლის და 2010 წლის „10 ყველაზე გავლენიან ქრისტიან ლიდერებში“ ცნობილი რუსული ქრისტიანული ჟურნალის In Victory-ის მიერ, მისი ძლიერი სამღვდელოებისათვის.

2018 წლის მარტი მაისიდან მანმინის ცენტრალურ ეკლესიას ყ2018 წლის სექტემბერი მაისიდან მანმინის ცენტრალურ ეკლესიას ყავს 130 000-ზე მეტი მრევლი. არსებობს 11000 ფილიალი ეკლესიები მსოფლიოს გარშემო და ჯერჯერობით 98-ზე მეტ მისიონერს აქვს დავალებული 26 ქვეყანა ამერიკის შეერთებული შტატების, რუსეთის, გერმანიის, კანადის, იაპონიის, ჩინეთის, საფრანგეთის, ინდოეთის, კენიის ჩათვლით.

ამ გამოქვეყნების დღიდან დოქტორი ჯაეროკ ლის დაწერილი აქვს 112 წიგნი ბესტსელერების ჩათვლით: *საუკუნო სიცოცხლის დაგემოვნება სიკვდილამდე, ჩემი ცხოვრება ჩემი რწმენა I და II, ჯვრის მოწოდება, რწმენის ზომა, ზეცა I და II, ჯოჯოხეთი* და *უფლის ძალა.* მისი ნამუშევრები ნათარგმნია 76-ზე მეტ ენაზე.

მისი ქრისტიანული სვეტები ჩნდება ჰანკოკ ლიბოში, ჯონგანგის ყოველდღიურ გაზეთში, დონგ–ა ლიბოში, მუნვა ლიბოში, სეულის შინმუნში, კიუნგიანგ შინმუნში, ჰანკიორე შინმინში, კორეის ეკონომიკურ ყოველდღიურ გაზეთში, კორეის ჰერალდში, შისას ახალ ამბებში და ქრისტიანულ პრესაში.

დოქტორი ლი ამჟამად მრავალი მისიონერული ორგანიზაციების ლიდერია. თანამდებობები მოიცავს: გაერთიანებული კორეის წმინდა ეკლესიის თავმჯდომარე, გაერთიანებული უწმინდესობის იესო ქრისტეს ეკლესია; მსოფლიოს ქრისტიანობის აღორძინების მისიის ასოციაციის მუდმივი პრეზიდენტი; გლობალური ქრისტიანული ქსელის (GCN) დამაარსებელი და თავმჯდომარე; მსოფლიოს ქრისტიანული ექიმების ქსელის (WCDN) დამაარსებელი და თავმჯდომარე; და მანმინის საერთაშორისო სემინარიის (MIS) დამაარსებელი და თავმჯდომარე.

სხვა ძლიერი წიგნები იგივე ავტორისგან

ზეცა I და II

მტკიცებულებების მემუარები დოქტორ ჯაეროკ ლისგან, რომელიც ხელახლა დაიბადა და სიკვდილის ჩრდილს გადაურჩა და უძღვება სრულყოფილ სამაგალითო ქრისტიანულ ცხოვრებას.

ჯვრის მოწოდება

ძალის მქონე განმაღვიძებელი მოწოდება ყველასთვის, ვისაც სულიერად სძინავს! ამ წიგნში თქვენ იპოვნით მიზეზს, თუ რატომაა იესო ერთადერთი მხსნელი და უფლის ჭეშმარიტი სიყვარული.

ჯოჯოხეთი

სერიოზული მოწოდება უფლისგან კაცობრიობისათვის, რომლებსაც არ სურთ არცერთი სულის ჯოჯოხეთის ცეცხლში ჩაგდება! შენ აღმოაჩენ ადრე არასოდეს გამოვლენილ ქვედა ჰადესის და ჯოჯოხეთის რეალურ სისასტიკეს.

სამშვინველი, სული და სხეული I და II

სამშვინველის, სულის და სხეულის სულიერი გაგებით, რომლებიც ადამიანთა შემადგენელი ნაწილებია, მკითხველს შეუძლია "საკუთარ მეს" ჩახედოს და მიიღოს შორსმჭვრეტელობა თვით სიცოცხლეზე.

რწმენის საზომი

რა ტიპის საცხოვრებელი ადგილი, გვირგვინი და კილდო არის მომზადებული შენთვის სამოთხეში? ეს წიგნი უზრუნველყოფს სიბრძნეს და წინამძღოლობას, რათა გაზომო შენი რწმენა და დახვეწო საუკეთესო და მოწიფული რწმენა.

გაღვიძებული ისრაელი

რატომ აქცევს უფალი ამხელა ყურადღებას ისრაელს დასაბამიდან დღემდე? რა არის უფლის ისრაელისათვის მომზადებული გეგმები დღესდღეობით, რომელიც კვლავაც მესიას ელოდება?

ჩემი ცხოვრება, ჩემი რწმენა I და II

ყველაზე არომატული სულიერი სურნელება გაიყოფა სიცოცხლისაგან, რომელიც უბადლო ღმერთის სიყვარულით არის აყვავებული, ბნელი ტალღების შუაგულში, ცივი უღელი და ყველაზე ღრმა სასოწარკვეთილება.

უფლის ძალა

აუცილებლად უნდა წაიკითხოთ, ვინაიდან ეს წიგნი წარმოადგენს აუცილებელ სახელმძღვანელოს რათა შესძლოთ ჭეშმარიტი რწმენის მიღება და უფლის გასაოცარი ძალის საკუთარ თავზე გამოცდა.

---

www.urimbooks.com

www.ingramcontent.com/pod-product-compliance
Lightning Source LLC
LaVergne TN
LVHW041811060526
838201LV00046B/1216
* 9 7 9 1 1 2 6 3 0 4 3 5 6 *